T0210067

essentials

essentials liefern aktuelles Wissen in konzentrierter Form. Die Essenz dessen, worauf es als „State-of-the-Art" in der gegenwärtigen Fachdiskussion oder in der Praxis ankommt. *essentials* informieren schnell, unkompliziert und verständlich

- als Einführung in ein aktuelles Thema aus Ihrem Fachgebiet
- als Einstieg in ein für Sie noch unbekanntes Themenfeld
- als Einblick, um zum Thema mitreden zu können

Die Bücher in elektronischer und gedruckter Form bringen das Fachwissen von Springerautor*innen kompakt zur Darstellung. Sie sind besonders für die Nutzung als eBook auf Tablet-PCs, eBook-Readern und Smartphones geeignet. *essentials* sind Wissensbausteine aus den Wirtschafts-, Sozial- und Geisteswissenschaften, aus Technik und Naturwissenschaften sowie aus Medizin, Psychologie und Gesundheitsberufen. Von renommierten Autor*innen aller Springer-Verlagsmarken.

Weitere Bände in der Reihe http://www.springer.com/series/13088

Marco A. Gardini

Leadership im Marketing

Sechs strategische Leitprinzipien als Erfolgstreiber für eine führende Markt- und Wettbewerbsposition

Springer Gabler

Marco A. Gardini
Hochschule Kempten
Kempten, Deutschland

ISSN 2197-6708   ISSN 2197-6716   (electronic)
essentials
ISBN 978-3-658-34986-8   ISBN 978-3-658-34987-5   (eBook)
https://doi.org/10.1007/978-3-658-34987-5

Die Deutsche Nationalbibliothek verzeichnet diese Publikation in der Deutschen Nationalbiblio-grafie; detaillierte bibliografische Daten sind im Internet über http://dnb.d-nb.de abrufbar.

Planung/Lektorat: Angela Meffert
Springer Gabler ist ein Imprint der eingetragenen Gesellschaft Springer Fachmedien Wiesbaden GmbH und ist ein Teil von Springer Nature.
Die Anschrift der Gesellschaft ist: Abraham-Lincoln-Str. 46, 65189 Wiesbaden, Germany

Was Sie in diesem *essential* finden können

- Warum Marketing in der Verantwortung steht, dass Unternehmen eine klare Vorstellung davon entwickeln, welche Kundenerfahrungen und -erlebnisse sie vermitteln wollen.
- Was Marketing Leadership bedeutet und wie sechs strategische Leitprinzipien im Marketing Unternehmen dabei unterstützen können, den Kunden wahrhaft in den Mittelpunkt ihres Handelns zu stellen.
- Warum im Marketing die einzigartige Produkterfahrung, die Relevanz der Marke und die besondere Qualität der Kundenbeziehung die entscheidenden Schlüssel zum Unternehmenserfolg sind.
- Warum es im Marketing eines kundenorientierten Führungsverständnisses, eines strategiekonformen Personalmanagement und eines zielgerichteten Aufbaus digitaler Intelligenz zur Umsetzung kundenbezogener Strategien auf Produkt-, Marken- und Kundenebene bedarf.
- Warum Marketing seine Transformationsaufgabe als Change Agent in Sachen Kunden- und Marktorientierung im Unternehmen konsequenter ausfüllen muss.

Vorwort

Oberstes Ziel und alleinige Existenzberechtigung des Marketing war, ist und wird es immer sein, nachhaltige Werte für ausgewählte Kunden zu schaffen und das Management von Kundenbeziehungen in den Vordergrund aller Unternehmensaktivitäten zu stellen. Um die Erfolgs- und Praxisrelevanz einer uneingeschränkten und integrativen Kunden- und Marktorientierung im Innen- und Außenverhältnis eines Unternehmens offen zu legen, werden in diesem *essential* sechs strategische Leitprinzipien als Bausteine eines Leadership-Ansatzes im Marketing herausgearbeitet und vorgestellt. Diese Leitprinzipien werden als Erfolgstreiber auf dem Weg zu einer führenden Marktposition als unabdingbar erachtet und stellen – reflektiert vor dem langjährigen Hintergrund der beruflichen Marketing- und Beratungserfahrungen des Autors – konzeptionell eine verdichtete Essenz der aktuell vorherrschenden Wahrnehmungsmuster, Erkenntnisse und Schlussfolgerungen aus zahlreichen Beiträgen der Wissenschaft und Unternehmenspraxis dar. Einschränkend ist an dieser Stelle zu bemerken, dass die hier diskutierten Beobachtungen zwangsläufig generalisierender und selektiver Natur sind und damit nicht zwingend einer spezifischen Branchen- oder Unternehmensrealität entsprechen. Nichtsdestoweniger sollen diese Beobachtungen den notwendigen Übergang von der noch branchenübergreifend weithin vorherrschenden operativen Produkt-, Verkaufs- und Kommunikationsorientierung im Marketing, hin zu einem integrativen und strategischen Marketingansatz verdeutlichen, der es Unternehmen ermöglicht, eine nachhaltige kunden- und wettbewerbsbezogene „Leadership-Position" aufzubauen und zu verteidigen.

Wiggensbach/Albinea   Prof. Dr. Marco A. Gardini
Juni 2021

Inhaltsverzeichnis

Über den Autor

Prof. Dr. Marco A. Gardini ist Professor für Tourismus, Internationales Hospitality Management und Marketing an der Fakultät Tourismus der Hochschule Kempten. Er ist stellvertretender Vorsitzender des Bayerischen Zentrum für Tourismus, Vorstand des Mittelstandsinstituts der Hochschule Kempten und in verschiedenen Beiräten diverser privater Unternehmen und öffentlicher Institutionen aktiv. Nach dem Studium der Betriebswirtschaft in Marburg und Gießen erfolgte die Promotion an der Justus-Liebig-Universität Gießen. Er verfügt über langjährige Marketing- und Beratungserfahrungen (Droege Group, Bosch/Blaupunkt, DIHK u. a.) und ist seit vielen Jahren für namhafte Industrie- und Dienstleistungsunternehmen als Berater, Coach und Referent tätig. Darüber hinaus hat er seit vielen Jahren neben seinen sonstigen beruflichen Tätigkeiten zahlreiche Lehraufträge und Aufgaben an verschiedenen Universitäten im In- und Ausland wahrgenommen (JLU Gießen, WHU Vallendar, FU Bozen, GUTECH Oman, MCI Innsbruck, HWT Chur u. a.).

Königsdisziplin oder Katzentisch – Marketing in der Krise?

1

Warum sind manche Unternehmen erfolgreich und manche Unternehmen nicht? Seit den 1970er Jahren wird diese Frage in den Wirtschaftswissenschaften im Zuge der Erfolgsfaktorenforschung immer wieder untersucht. Dabei standen und stehen bis heute immer wieder Fragestellungen, die den Erfolgsbeitrag der Marktorientierung von Unternehmen und/oder die unternehmens- bzw. branchenspezifischen Erfolgsfaktoren des Marketing Management untersuchen, im Vordergrund. Die Ergebnisse vielfältiger Studien und Ansätze der Erfolgsfaktorenforschung stimmten über Jahrzehnte hinweg darin überein, dass erfolgreiche Unternehmen über ein ausgeprägtes marktorientiertes Selbstverständnis verfügen, den Kundennutzen in den Mittelpunkt aller Unternehmensaktivitäten stellen und Ihre Marketingstrategien konsequent verfolgen und umsetzen (Meffert & Bruhn, 2002).

Seit einigen Jahren scheint diese Gewissheit und Gesetzmäßigkeit jedoch ins Wanken geraten zu sein und so wird Marketing zunehmend weniger als Führungsphilosophie verstanden (Voeth, 2020; Benkenstein, 2020). Marketing als Stimme des Kunden im Unternehmen, als treibende Kraft hinter innovativen Produkten, Dienstleistungen oder Geschäftsmodellen bzw. Marketing, verstanden als marktorientiertes Konzept der Unternehmensführung, steht immer mehr in der Beweispflicht und viele Unternehmen halten offensichtlich die Beiträge des Marketing zum Unternehmenserfolg für überschaubar. Vertrieb ist wichtiger als Marketing, Kosten wichtiger als Marke, Profitabilität wichtiger als die Kundenbeziehung, so könnte man den Dreisatz des Bedeutungsverlustes des Marketing auf einen einfachen Nenner bringen. Und wenn die Rolle des Marketing in vielen Unternehmen derart definiert ist und man der Marketingabteilung so wenig zutraut (Whitler & Morgan, 2017; Barta & Barwise, 2016; Bathen &

© Der/die Autor(en), exklusiv lizenziert durch Springer Fachmedien Wiesbaden GmbH, ein Teil von Springer Nature 2021
M. A. Gardini, *Leadership im Marketing,* essentials,
https://doi.org/10.1007/978-3-658-34987-5_1

Jelden, 2014) bzw. beklagt, dass Marketingpotenziale von Marketingverantwortlichen nicht genutzt werden – wie es unlängst in einer McKinsey-Studie von internationalen CEOs zum Ausdruck gebracht wurde (Boudet et al., 2019) – dann wundert es auch nicht, dass Marketing permanent kritisch-destruktiv in seiner Existenzberechtigung hinterfragt wird.

Mit der Folge, dass Unternehmen nur wenig Grund sehen, die Marketingfunktion zu einer Aufgabe auf Top-Management-Niveau zu machen, sondern das Marketing vielfach eher zu einer Unterabteilung degradieren oder es gleich an eine externe Agentur outsourcen (Hennig-Thurau, 2013). Entsprechend stellt ein fachlicher Marketinghintergrund auch keine zwingende Empfehlung für einen Vorstandsposten dar, sondern scheint für den Karriereaufstieg eher hinderlich zu sein, wenn man die Vorstandsetagen vieler DAX-Unternehmen oder die Geschäftsführungsebenen vieler deutscher Mittelständler näher betrachtet (Esch & Kochan, 2019; Böttcher, 2015). Auch die durchschnittliche Halbwertzeit von Marketingvorständen in Vorstandsgremien ist in der Regel deutlich kürzer als die ihrer Ressortkollegen (Whitler & Morgan, 2017). Ein Chef mit Marketinghintergrund unterliegt offenbar eher dem Generalverdacht ein kaufmännisch-intellektuelles Leichtgewicht zu sein und so musste sich Tina Müller, ehemalige Opel-CMO und aktuell Vorsitzende der Geschäftsführung der Parfümeriekette Douglas, unlängst in der Zeitschrift Der Spiegel ernsthaft fragen lassen, ob sie denn mehr könne als „nur" Marketing (Book & Gnirke, 2021).

Theorie und Praxis, Anspruch und Wirklichkeit, Selbstbild- und Fremdbild des Marketing Management klaffen in der ökonomischen Realität offenbar weit auseinander, sodass sich hier zwangsläufig die Frage aufdrängt: *„Wie konnte es dazu kommen, dass das Marketing in vielen Unternehmen marginalisiert wird und warum hat die Bedeutung des Marketing für Unternehmenswachstum und Unternehmenserfolg in der Wahrnehmung vieler Unternehmensentscheider in den letzten Jahren so abgenommen?"* Die wesentlichen Gründe dafür sind vielfältig, zum großen Teil hausgemacht und weitestgehend strategischer und organisatorischer Natur:

- Marketing scheint der unternehmerische Gestaltungswille als Führungskonzept abhandengekommen zu sein, und so lässt sich Marketing in vielen Unternehmen als Handlanger des Vertriebs missbrauchen, oder der Verantwortungsbereich wird auf die Marketingkommunikation bzw. auf die Funktion eines internen Werbedienstleisters reduziert.
- Marketing wird immer kleinteiliger bzw. die Marketing- und Unternehmensverantwortlichen sehen oftmals den Wald vor lauter Bäumen nicht mehr. Angesichts der enormen digitalen und analogen Instrumentenvielfalt und den damit verbundenen zahlreichen neuartigen Handlungsalternativen und Möglichkeiten

im Marketing, wird jedoch der Blick für das große Ganze umso wichtiger. Die Fähigkeit zur Stiftung eines kundenspezifischen Nutzens ist denn auch hier die einzige Messlatte, die zählt. Viele Unternehmen verlieren jedoch angesichts der Unendlichkeit und der Dynamik operativer Gestaltungsoptionen ihren strategischen Kompass.

- Marketing ist die Deutungshoheit über den Kunden und den Markt abhandengekommen. Anstatt sich als die Stimme des Kunden im Unternehmen zu verstehen, zeigt das Marketing vielfach kaum wahrhaftes Interesse an den Bedürfnissen und der Zufriedenheit der Kunden. Auffällig sind hier insbesondere die Diskrepanzen zwischen der Selbstwahrnehmung von Unternehmen und der Wahrnehmung ihrer Kunden, wenn es um die Bewertung der Qualität der Kundenerlebnisse und -erfahrungen geht. Hier sind die Unternehmen in der Regel deutlich von sich überzeugter als ihre Kunden. Kurzfristige Quick Wins dominieren oftmals die Marketingarbeit, anstelle der Ausrichtung aller Marketingbemühungen auf den Aufbau und die Pflege langfristiger Kundenbeziehungen.
- Marketing füllt seine Transformationsaufgabe als Change Agent in Sachen Kunden- und Marktorientierung im Unternehmen vielfach nicht konsequent aus. Auch wenn sich in zahlreichen Unternehmen Bekenntnisse zur Kundenorientierung und Kundenzentrierung in den Zielsystemen und Unternehmensleitlinien finden lassen, bleiben die Konturen der dazugehörigen strategischen Marketingprogramme und -aktivitäten jedoch zumeist verschwommen, das Marketingverständnis zu eindimensional, das bereichsübergreifende Anspruchsgruppen- und Schnittstellenmanagement zu oberflächlich und die operative Produkt-, Verkaufs- und/oder Kommunikationsorientierung zu dominant.
- Versteht man die Kernaufgabe des Marketing darin, den Mehrwert eines Produktes oder einer Dienstleistung bzw. den wettbewerbsspezifischen Kundenutzen herauszuarbeiten und zu vermitteln, versagt hier das Marketing offenbar eklatant in eigener Sache, gelingt es doch den Marketingabteilungen und Marketingverantwortlichen vielfach nicht, intern den eigenen Mehrwert und die Bedeutung des Marketing für den Unternehmenserfolg herauszustellen. In Konsequenz steht vielfach der Kosten- und weniger der Investitionscharakter der Marketinganstrengungen im Vordergrund, wenn es um die Bewertung des Erfolgsbeitrags des Marketing geht.

Was bedeutet das nun? Es steht – so scheint es – nicht gut um das intellektuelle und konzeptionelle Erbe der Marketingpioniere Drucker, Kotler, Meffert &

Co. Ist es für das Marketing Zeit, sich die Frage nach der grundsätzlichen Existenzberechtigung auf C-Level-Niveau zu stellen? Es scheint ja auch ohne allzu viel Marketing zu funktionieren, wenn viele Unternehmen profitabel sein können und gleichzeitig darauf verzichten, Kundennutzen, Kundenzufriedenheit und die Qualität der Kundenbeziehung zum Mittelpunkt ihrer Unternehmensstrategie zu machen.

Wenn Unternehmen Kunden heute und in Zukunft von sich überzeugen wollen, so kann das im Wesentlichen auf drei Arten geschehen (Hennig-Thurau et al., 2014; Kotler, 2008): über eine einzigartige Produkterfahrung, über eine besondere Relevanz der Marke und/oder über eine spezifische Qualität der Kundenbeziehung. Folglich kann ein Unternehmen nur über das Produkt-, Marken- oder Kundenmanagement Werte schaffen. In Konsequenz müssen diese drei Bereiche im Zentrum der strategischen Marketingpolitik eines Unternehmens stehen und so ist ein systematisch betriebenes, konsistentes Marketing Management entlang der digitalen und analogen Leistungs- und Wertschöpfungskette im Produkt-, Marken- und Beziehungsmanagement, mit Blick auf eine wettbewerbsfähige Positionierung für Unternehmen zukünftig von entscheidender Bedeutung. Das Produkt-, Marken- und Kundenmanagement kann jedoch auch nur dann Kunden einen hohen Nutzen bieten, wenn die interne und externe Orchestrierung von Mensch, Prozess und Technologie einem Führungsanspruch unterliegt, der sich ganz am Kunden ausrichtet und die Organisation als ein marktorientiertes Wertschöpfungsnetzwerk begreift (Hennig-Thurau et al., 2014; Meffert et. al., 2019). Bedeutsam sind in diesem Marketingverständnis drei weitere Leitprinzipien, die als Transmissionsriemen innerhalb eines marktorientierten Change-Prozesses zur Umsetzung kundenzentrierter Strategien auf Produkt-, Marken- und Kundenebene von essentieller Relevanz sind (Abb. 1.1).: eine werteorientierte und sinnbasierte Führungskultur, eine strategiekonforme Personalqualität und der zielgerichtete Auf- bzw. Ausbau digitaler Intelligenz (Gardini, 2017).

Eine größere strategische Relevanz des Marketing sowie die damit verbundenen Change-Prozesse brauchen die Rückendeckung aus der Chefetage, denn ohne diese Unterstützung kann der Wandel zu einer wahrhaft kundenzentrierten Marketingorganisation nicht gelingen (Barta & Barwise, 2016). Wenn jedoch CEOs bzw. Geschäftsführer gerade mal drei Prozent ihrer Zeit mit ihren Kunden verbringen, wie Porter und Nohria (2018) es in ihrer Untersuchung zum Zeitmanagement von Top-Managern herausgearbeitet haben, dann wird klar, warum der Kunde und damit die Kundenorientierung nicht ganz oben auf der Prioritätenliste der meisten Unternehmensverantwortlichen steht. Leadership-Unternehmen und ihre Entscheider hingegen verfügen über ein extrem ausgeprägtes marktorientiertes

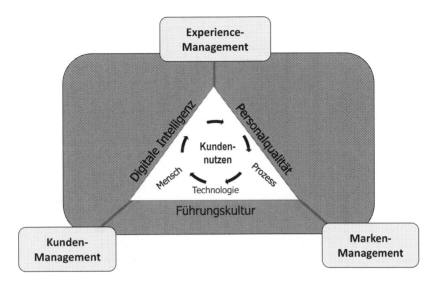

Abb. 1.1 Leitprinzipien des Marketing-Leadership-Ansatzes (Gardini, 2017)

Selbstverständnis und eine sehr genaue Vorstellung davon, welche Kundenerfahrungen und Kundenerlebnisse sie vermitteln wollen, um im Strategiewettbewerb bestehen zu können. Marketing Leadership ist in diesem Verständnis ein Konzept bzw. ein Denkansatz, um Unternehmen zielorientierter rund um die Bedürfnis-, Wahrnehmungs- und Erfahrungswelt von Kunden zu organisieren und dadurch zu einem wahrhaft kundenzentrierten Unternehmen zu werden. Wer diese sechs strategischen Leitprinzipien beherrscht oder nicht bzw. wer eine Leadership-Position in seinem relevanten Markt innehat oder nicht, lässt sich am Ende oftmals relativ einfach feststellen. Das ist das Unternehmen, das die überzeugendste Antwort auf die Frage hat: *„Warum sollte ich bei Ihnen kaufen?"*

Sechs strategische Leitprinzipien des Marketing Leadership

2.1 Mission Leadership: Von Haltung zu Handlung!

„Jeder Mensch hat etwas, was ihn antreibt", so lautete vor einigen Jahren der Claim einer sehr erfolgreichen Werbekampagne der Volks- und Raiffeisenbanken. Menschen sind und bleiben Sinnsucher und wenn man nun davon ausgeht, dass Unternehmen von Menschen für Menschen gemacht sind, muss ein jedes Unternehmen dementsprechend seinen spezifischen Sinn suchen, definieren und vermitteln, wenn es für seine diversen Stakeholder interessant werden oder bleiben will. Der Marketinganspruch, Kunden in den Mittelpunkt aller Unternehmensaktivitäten zu stellen, erfüllt sich denn auch nicht in einem normativen bzw. inhaltlichen Vakuum. Aus Leadership-Perspektive ist für jedes Unternehmen ein normativer Ansatz erforderlich, der die unternehmensphilosophische und -kulturelle Dimension des Marketing Management betont und, mit Blick auf die spezifische Identität eines Unternehmens, einen Entwicklungsprozess initiiert, an dessen Ende ein uneingeschränktes marktorientiertes und kundenzentriertes Selbstverständnis des Unternehmens steht. Sinngebung wird demzufolge sowohl im Innen- wie im Außenverhältnis zum Distinktionsmerkmal und sollte als Prozess und kooperatives Gestaltungselement der verschiedenen normativen Handlungsfelder der Unternehmensführung, oberste Priorität auf der Management- und Marketingagenda genießen.

Das mittlerweile in der Marketingszene nicht mehr ganz so neue Buzzword für diese wiederentdeckte Notwendigkeit heißt Purpose, eine inhaltlich-konzeptionelle Synthese aus verschiedenen Gestaltungselementen der normativen Unternehmensführung (Vision, Mission, Philosophie, Leitbild/Grundsätze, Normen, Werte etc.). Purpose bezieht sich im Kern auf den Sinn und Zweck eines

M. A. Gardini, *Leadership im Marketing, essentials,*
https://doi.org/10.1007/978-3-658-34987-5_2

Unternehmens, d. h. idealerweise verkörpert der Corporate Purpose bzw. das Purpose Statement die Antwort auf folgende Fragen (McKinsey, 2020; Quinn & Thakor, 2018): *„Wozu sind wir eigentlich da, wofür stehe ich ein, was macht mich aus?"* In diesem Zusammenhang wird oft von der Unternehmens-DNA, der Seele des Unternehmens oder dem *„corporate philosophical heartbeat"* gesprochen. Nach ihrem Purpose befragt, fallen die Antworten der Unternehmen in der Regel sehr unterschiedlich aus und reichen von drei Sätzen bis zu einer DINA4-Seite, wie eine Umfrage vom Handelsblatt unter DAX-Konzernen ergab (Fröndhoff & Scheppe, 2019). Typische Beispiele, wenn es darum geht Sinn und Zweck eines Unternehmens zu kommunizieren, sind Statements dieser Art:

- Adidas: „Through sport, we have the power to change lives"
- Covestro: „To make the world a brighter place"
- Deutsche Bank: „We are here to enable economic growth and societal progress through our positive impact"
- Disney: „We want to make people happy"
- Fjällräven: „Inspiring the world to walk with nature"
- McKinsey: „To help create positive, enduring change in the world"
- Nike: „Our purpose is to unite the world through sport to create a healthy planet, active communities and an equal playing field for all"
- Puma: „Forever faster"

Diese wenigen Sätze scheinen offenbar große Wirkung zu erzeugen, wenn man – stellvertretend für unzählige Beiträge aus Theorie und Praxis (statt vieler Esch, 2021) – einer aktuellen Studie von Kienbaum und Human Unlimited Glauben schenken mag (asw, 2020). So geht ein starker Purpose mit verbesserter Performance, Kundenorientierung und Innovation einher, er steigert Image, Markenwert und Reichweite sowie er für zufriedene Mitarbeiter sorgt. Allerdings kennen – so die gleiche Studie – über 60 % aller Mitarbeiter das offizielle Purpose Statement ihres Arbeitgebers nicht, ein Sachverhalt, der dem Verfasser aus seiner beruflichen Vergangenheit sehr bekannt vorkommt, wurde er doch auf seinen diversen beruflichen Stationen von keinem seiner ehemaligen Arbeitgeber mit einem spezifischen Purpose, Mission oder Vision Statement konfrontiert. Auch der regelmäßige Gallup Engagement Index lässt seit Jahren nur sehr bedingt die Schlussfolgerung zu, dass die Strahl- und Anziehungskraft der Purpose-Konzepte deutscher Unternehmen wirklich greift. So wiesen im Jahr 2020 nur ca. 17 % der Arbeitnehmer eine emotionale Bindung zu ihrem Arbeitgeber auf, 68 % der befragten Arbeitnehmer in Deutschland fühlten sich nur wenig gebunden und ca. weitere 15 % haben gar keine emotionale Bindung zu ihrem Arbeitgeber (Gallup, 2021).

Auch wenn man davon ausgehen mag, dass das eine oder andere Purpose Statement in der obigen Kurzform für bestimmte Stakeholder inspirierend sein kann, so fällt dennoch auf, dass auf diesem Aggregationsniveau eine gewisse Beliebig- und Austauschbarkeit droht. Sehr stark scheint in vielen Unternehmen auch das Bedürfnis ausgeprägt zu sein, den eigenen Daseinszweck zu überhöhen, ja man kann sich des Eindrucks kaum erwehren, dass sich manches Unternehmen in dem Bemühen, seine Haltung möglichst umfassend zu definieren, so stark an seiner gesamtgesellschaftlichen Verantwortung abarbeitet, dass Bezüge zum spezifischen Geschäftsmodell, dem Kernprodukt oder der Marke kaum mehr zu erkennen sind. Das mag man als Stärke sehen, weil die damit verbundene Offenheit viel Raum für Kreativität, Entwicklung und Wachstum zulässt (Esch, 2016), gleichzeitig offenbart der fehlende geschäfts- und produktspezifische Bezugsrahmen jedoch auch die Schwäche solcher Selbsterklärungsversuche, da diese dadurch oftmals kaum mehr relevantes Differenzierungs- und Identifikationspotenzial nach innen und nach außen anbieten. Zugegeben, ein schwieriger Spagat zwischen einer womöglich zu engen Fokussierung auf bestimmte Produkt- oder Dienstleistungskategorien und damit vielleicht zu beschränkend für die Zukunft des Unternehmens einerseits und der Notwendigkeit andererseits, inhaltlich in die Breite gehen zu müssen, um für möglichst viele sehr unterschiedliche Stakeholder, möglichst lange relevant und interessant zu sein oder zu werden (McKinsey, 2020).

Ein bisschen scheint das mit dem Purpose Statement denn auch wie mit der Liebe und der Ehe zu sein. Im Angesicht der Euphorie fehlt es nicht an großen Momenten oder vollmundigen Versprechungen, um dann mit der Zeit feststellen zu müssen, dass reine Willensbekundungen Beziehungen nicht weit tragen, sondern den Worten auch Taten folgen müssen:

> „Your stakeholders care about the concrete consequences of your lived purpose, not the new phrase at the start of your annual report." (McKinsey, 2020, S. 6)

„Liebe ist Arbeit, Arbeit, Arbeit!", so hat es der Komiker Hape Kerkeling in seiner Rolle als schräge Paartherapeutin Evje van Dampen mal so herrlich persifliert. Entsprechend gilt es auch in anderen sozialen Kontexten und menschlichen Beziehungsgefügen zur Kenntnis zu nehmen, dass es ohne Handlung und Umsetzungswillen jedweder Haltung schnell an Glaubwürdigkeit, Authentizität und Überzeugungskraft gebricht. Ob jetzt ein Unternehmenszweck zu breit oder zu eng definiert wird, ein Purpose Statement mehr oder weniger gelungen daherkommt, ist unter Umständen weniger wichtig als die Frage, ob es einem

Unternehmen auf dem Weg zu einer wahrhaft kundenzentrierten Marketingorganisation gelingt, einen Gleichklang von Ambition, Aktion und Reaktion zu kreieren, seine wesentlichen Stakeholder zu adressieren und dabei inhaltlich stringent und organisatorisch konsequent zu bleiben.

Viele Unternehmen haben damit jedoch augenscheinlich so ihre Schwierigkeiten und so ist es gerade die häufig zu beobachtende Differenz zwischen der quasi-spirituellen Überhöhung des Purpose, Mission oder Vision Statement, zu der dramatischen Unterinszenierung des Unternehmensalltags und den daraus resultierenden Negativerlebnissen relevanter Akteure (z. B. Kunden, Mitarbeiter). Hier scheint es dringend geboten, die Aufgabe, den Sinn und Zweck eines Unternehmens zu definieren und erlebbar zu machen, weniger kommunikationsgetrieben (Schein) als identitätsgetrieben anzugehen (Sein). *„Purpose is not enough"* möchte man nach einer intensiven Purpose-Lektüre vielen Unternehmen auf der Suche nach ihrer Identität und Persönlichkeit zurufen, denn um für Kunden, Mitarbeiter und Investoren, um hier mal die wesentlichen Stakeholder eines jeden Unternehmens zu benennen, relevant zu sein bzw. zu werden, muss man schon die ganze Klaviatur normativer Gestaltungselemente der Unternehmensführung bemühen und beherrschen.

Mission Leadership ist somit als ganzheitlicher normativer Ansatz zu verstehen, der, ausgehend von einer richtungsweisenden Vision und der Definition des grundlegenden Unternehmenszwecks (purpose/mission) auf der normativen Ebene allgemeine Wertvorstellungen (basic beliefs/core values) entwickelt, die als Unternehmens- bzw. Managementphilosophie die Essenz der Einstellungen, Überzeugungen und Wertvorstellungen der obersten Führungskräfte zur Markt- und Kundenorientierung repräsentieren. Eng verbunden mit der Unternehmens- bzw. Managementphilosophie und dem Unternehmenszweck ist die Unternehmenskultur, die als evolutorischer Sozialisationsprozess, die Gesamtheit der in einer Organisation vorherrschenden Werte, Normen, Traditionen und Mythen widerspiegelt und damit maßgeblich die Einstellungen, Denkhaltungen und Verhaltensmuster der Organisationsmitglieder prägt (statt vieler Bleicher, 2017). Aus Marketingsicht ist mit Blick auf eine uneingeschränkte und integrative Kunden- und Marktorientierung, ein solch umfassender normativer Ansatz unerlässlich, gilt es doch eine Führungs- und Unternehmenskultur im Unternehmen zu entwickeln, die mit Blick auf übergeordnete, globale Ziele wie Unternehmenserfolg, Kunden-/Mitarbeiterzufriedenheit und Produkt-/Dienstleistungsqualität einen Change- und Entwicklungsprozess initiiert, an dessen Ende ein glaubwürdiges und authentisches kundenorientiertes Selbstverständnis des Unternehmens steht.

Ein Blick auf die sog. Professional Service Firms (Unternehmensberatungen, Anwaltskanzleien, Werbeagenturen, Wirtschaftsprüfungsgesellschaften, Hedgefonds etc.), macht deutlich, was Mission Leadership in der Praxis bedeutet. So lässt sich bei vielen PSF in diesem Zusammenhang ein gemeinsamer Grundansatz erkennen, der als Ausdruck ihres spezifischen Normen- und Wertesystems die Basis für das Selbstverständnis der Unternehmen nach innen und außen darstellt. Diese Unternehmen verstehen sich als One-Firm-Firm mit einer starken Unternehmensidentität, die getragen wird von einer spezifischen und äußerst homogenen Unternehmenskultur (z. B. McKinsey, Boston Consulting, BlackRock, Goldmann&Sachs, Baker&McKenzie, PwC, Jung von Matt). Kern dieses Selbstverständnisses ist das multilokale Unternehmen, das aus einer umfassenden Gesamtperspektive, durch einen hohen Grad an Identität (Wesenseinheit/Übereinstimmung) sowie durch ein Höchstmaß institutioneller Loyalität (Treue/Ergebenheit der Firma gegenüber) und interpersoneller Loyalität (Solidarität/Zusammengehörigkeit/Korpsgeist der Professionals) gekennzeichnet ist. Die One-Firm-Firm entwickelt somit nach innen eine integrative Kraft, indem sie sowohl die Identifikation mit dem Unternehmen als auch die synergetische Zusammenarbeit zwischen den Professionals zum Ziel hat. Nach außen vermag Sie wiederum, über eine gelungene und konsistente innere Integration identitätsstiftender Mechanismen, entsprechende Reputation bei ihren Kunden aufzubauen (Müller-Stewens et al., 1999).

Wie kaum eine zweite Professional Service Firm verkörpert die Unternehmensberatung McKinsey das Lehrbeispiel einer „mission driven company". Mit ca. 30.000 Beschäftigten in 65 Ländern ist McKinsey nicht nur eine der größten Unternehmensberatungen weltweit, sondern gilt seit Jahrzehnten vielen Top-Entscheidern auch als erste und beste Adresse unter den Strategieberatungen. Sowohl im Innen- wie im Außenverhältnis besteht dabei seit der Gründung im Jahre 1926 kein Zweifel wofür McKinsey steht oder nicht steht. Eine Hochleistungsorganisation, deren Normen- und Wertesystem rund um ein nicht kompromittierbares Leistungsprinzip *(„Improve our clients' performance significantly")* und Kundenverhältnis *(„Adhere to the highest professional standard")* aufgebaut ist. Kaum ein anderes Unternehmen ist so stolz auf seinen Wertekanon, versteht sich so sehr als geistige Elite und Vordenker und prägt so stark die Denkweise wie McKinsey (Welp & Kamp, 2015), was auch in einem entsprechenden Motto zum Ausdruck kommt: *„To help our clients make distinctive, lasting, and substantial improvements in their performance and to build a great firm that attracts, develops, excites, and retains exceptional people."* In diesem Selbstverständnis, betreibt McKinsey, wie nur wenige andere Unternehmen, einen extremen

Aufwand bei der Mitarbeitersuche, sucht weltweit nur an den besten Bildungs-institutionen nach seinem Hochleistungsnachwuchs und ist dabei hochselektiv bei der Auswahl unter den Jahrgangsbesten. Auch im Branchenvergleich gibt niemand so viel für Fortbildung und Wissensmanagement aus, aber wer im Hoch-leistungswettbewerb zwischen den Professionals nicht mithalten kann, wird dann auch schnell gebeten zu gehen *(„Grow or Go")*. Das eingangs erwähnte Purpose Statement von McKinsey ist dabei nur einer von vielen identitätsstiftenden und normativen Bausteinen, die McKinsey, neben einer Fülle verschiedenster Normen, Prozesse und Maßnahmen entwickelt und verinnerlicht hat, um die Prinzipien zu pflegen und zu bewahren, auf dem die einzigartige und unverwechselbare Unternehmens- und Markenidentität von McKinsey beruht (Abb. 2.1).

Natürlich gelingt es auch anderen Unternehmen wie Apple, Bridgewater Asso-ciates, Patagonia, Ritz Carlton, Southwest Airlines, Zappos oder der Harvard University – um hier nur einige zu nennen – die Frage nach dem Sinn und Zweck des Unternehmens nicht auf eine oberflächliche Nabelschau zu reduzieren *(„purpose washing"),* sondern sich über einen umfassenden normativen Ansatz, eine unverwechselbare Unternehmens- und Markenidentität zu schaffen, die ihren aktuellen/potenziellen Stakeholdern, zu jeder Zeit an jedem Ort, eben jenes Maß

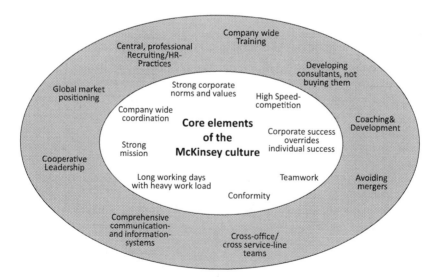

Abb. 2.1 Identitätsstiftende Prozesse und Maßnahmen der One-Firm-Culture am Beispiel McKinsey. (In Anlehnung an Maister 1997, S. 303 ff.)

an Vertrauen, Orientierung und Kontinuität in Bezug auf die Mission und die relativen Leistungsfähigkeiten des Unternehmens zu vermitteln in der Lage ist.

Genauso gilt jedoch auch leider der Umkehrschluss und so verlieren sich viele Unternehmen in inhaltlicher Beliebigkeit und versäumen es, über ein klares Selbstverständnis ihren Stakeholdern ein unverwechselbares, sinnstiftendes und vor allem ernstgemeintes Identifikationsangebot zu machen. Karstadt, Haniel, ThyssenKrupp, Schlecker, Wirecard zeigen exemplarisch was passiert, wenn der innere Kompass verloren geht: Ohne Sinn und ohne Vision, keine Zukunft! Der Engpassfaktor auf dem Weg zu einem wahrhaft kundenzentrierten Unternehmen – das ist offensichtlich – sind hierbei die obersten Führungskräfte bzw. Eigentümer und die mit ihnen vorherrschende Unternehmens- bzw. Managementphilosophie und Führungskultur. Erfolgreiche Leader, seien es Individuen, Unternehmen oder Institutionen, haben in der Regel eine ziemlich genaue Vorstellung davon, was sie wollen bzw. was sie nicht wollen, warum das für die Erfüllung ihrer persönlichen oder unternehmerischen Ziele wichtig ist und was sie dafür bereit sind zu tun. Was gute dann von weniger guten Unternehmen bzw. Leadern unterscheidet, ist, wie so oft bei langfristigen und strategischen Themen, die Umsetzungsstärke bzw. der Umsetzungswille. Wie hieß es doch schon bei Erich Kästner: *„Es gibt nichts Gutes, außer man tut es!"*

2.2   Experience Leadership: Experience Design statt Produktentwicklung!

Die Leistungs- und Produktpolitik eines Unternehmens wurde schon immer als *„Herzstück"* des Marketing bezeichnet (Meffert et al., 2019). Auf die Notwendigkeit den Fokus einer kundenorientierten Leistungs- und Produktpolitik dabei nicht nur auf das *„Was"*, sondern auch auf das *„Wie"* des Leistungsangebots zu richten, wurde bereits frühzeitig von zahlreichen Autoren hingewiesen (statt vieler Shostack, 1982, 1984; Grönroos, 1984; Kingmann-Brundage, 1993). In Folge, geht es in der Unternehmenspraxis auch immer mehr um das Management von Kundenerlebnissen, das sogenannte Customer oder Service Experience Management (CEM/SEM), Ansätze, die in der Literatur als Managementstrategie, -prozess oder -konzept zur Gestaltung des Kundenerlebnisses verstanden werden (Esch & Kochan, 2019; Bruhn & Hadwich, 2012; Schmitt, 2003). Zentrale Zielsetzung des Customer und Service Experience Management ist dabei die Schaffung einzigartiger und außerordentlicher Kundenerlebnisse *(„Experiences")* entlang der Kundenreise *(„Customer Journey")*, unter Berücksichtigung sämtlicher Kundenkontaktpunkte *(„Touchpoints")* und Interaktionsmomente *(„Moments of Truth")* eines Anbieters. Wie solche *„Experiences"* systematisch und zielorientiert zu entwickeln sind, wird seit dieser Zeit in Wissenschaft und Praxis immer stärker thematisiert und so steht das Thema Customer Experience und Customer Experience Management seit einigen Jahren konstant ganz oben auf den Management- und Trendagenden vieler Unternehmen und Marketingabteilungen (DMW, 2021; Kilian et al., 2020; EcoConsultancy, 2015).

Obwohl nicht mehr ganz so neu als Thema, scheint es beim Experience Management und Design in weiten Teilen der Unternehmenspraxis jedoch nach wie vor zahlreiche Verständnis- und Umsetzungsprobleme zu geben. Verschiedene Studien zum Thema „Customer Experience" zeugen davon, dass Unternehmen vieler Branchen große Schwierigkeiten haben, ein überlegenes Kundenerlebnis zu entwickeln bzw. zu liefern und damit eine einzigartige Kundenerfahrung zu vermitteln. Entsprechend ist die Fähigkeit eines systematischen Management von Kundenerfahrungen zur Erlangung von Wettbewerbsvorteilen, offenbar für die breite Masse der Unternehmen derzeit noch Wunschdenken geblieben (qualtrics, 2018; Gallup, 2018; ESCH Consultants, 2017; Sopra Steria, 2016). Es scheint, dass der Kulturwandel vom Denken in Produkten und Dienstleistungen, zum Denken in Kundenerlebnissen und Kundenerfahrungen im Marketing, bislang nur sehr wenigen Unternehmen gelungen ist oder wie Stephan Waldeis, Global Director Digital Marketing & Consumer Engagement bei Gardena, dies in einem Interview zum Ausdruck brachte:

> „Das Wort „Experience" ist das am meisten überschätzte Thema, da es Anbietern nicht gelingt, dies mit praktischen Beispielen zu belegen." (asw 2020a, S.12).

Warum ist das so, wo es doch der Anspruch eines Experience-Leadership-Ansatzes und damit auch des Experience Design sein muss, das im Wettbewerbskontext beste oder das bessere Kundenerlebnis zu schaffen. Hier gilt es sich bewusst zu machen, dass das Thema Customer Experience zwei voneinander abhängige Dimensionen aufweist (Kranzbühler et al., 2018; Homburg et al., 2017). Zum einen gilt es die Customer Experience ganzheitlich zu verstehen, zu vermessen und im Sinne des Kunden auszugestalten und stetig weiterzuentwickeln (Experience Design). Was will der Kunde, wie und warum verhält er sich auf eine bestimmte Art und Weise, was sind die psychologischen und soziologischen Determinanten die seine Konsum- und Erfahrungswelt prägen und damit das Konsumverhalten beeinflussen und vieles andere mehr. Das ist der Marketing-Job, abteilungs- und fachspezifisch, im Kern eher von operativen Fragestellungen geprägt und idealerweise getragen von einer strikten Kundenperspektive. Zum anderen geht es aber auch darum, diese Aufgabe zielorientiert zu managen, d. h.

hier ist Führung, Führungskultur und Führungsstruktur gefragt. Was wollen wir, was können wir und was müssen wir für den Kunden tun? Das ist der Leadership-Job, unternehmens- und bereichsübergreifend, mit klarem strategischen Fokus und idealerweise geprägt durch eine strikt kundenorientierte Organisationsperspektive (Experience Management). Hier stößt das Marketing schnell an Grenzen, speziell wenn es nicht auf C-Level-Niveau angesiedelt ist und/oder der CEO, Geschäftsführer oder Unternehmenseigner nicht viel von Marketing hält oder versteht.

Marketingperspektive

„Menschen kaufen Problemlösungen und gute Gefühle", so die Beobachtung von Business-Coach Anne Schüller. Dennoch scheint es nicht so einfach zu sein, zufriedenstellende oder gar begeisternde Kundenerlebnisse zu schaffen, aber die Frage was begeistert oder was meine Kunden begeistern könnte, muss sich jedes Unternehmen im Kontext seiner spezifischen Unternehmens- und Wettbewerbssituation zwangsläufig immer wieder neu beantworten. Um also Kunden zu binden und nicht zu verlieren, sollte das grundlegende Ziel sein, Kunden so häufig wie möglich zu begeistern und so selten wie möglich zu frustrieren (Esch & Kochan, 2019). Ein Beispiel aus eigener Erfahrung mag dies verdeutlichen: Unser Haushalt verfügt über zwei Automobile, einen Volvo und einen BMW. Mein lokaler BMW-Händler hat mich in den letzten zehn Jahren als Kunde noch nie enttäuscht. Perfekt organisiert, immer zuverlässig, pünktlich, entgegenkommend, immer kunden- und lösungsorientiert, die Mitarbeiter kompetent, empathisch und sehr freundlich von der Empfangsdame, über die Verkäufer und Servicetechniker bis hin zum Chef, ein wahres Kunden- und Serviceparadies. Den Volvo-Händler hingegen mussten wir wechseln, weil dieser nicht einmal die rudimentärsten Bestandteile des Service-1 × 1 beherrschte. Termine und Vereinbarungen wurden oft nicht eingehalten, Anrufe nicht erwidert und von den Mitarbeitern bis zum Chef hatte nur sehr selten jemand ein Lächeln oder ein freundliches Wort übrig. Bei jedem Besuch musste man sich auf längere Wartezeiten einstellen und bei wirklich jedem Service- und Werkstattaufenthalt war angeblich etwas bei dem neu erworbenen Fahrzeug nicht in Ordnung, ein Phänomen, was insbesondere nach Ablauf der Hersteller- und Händlergarantie an Häufigkeit zunahm. In Bezug auf die Verkäufer drängte sich zudem der Verdacht auf, dass diese, gemessen an Auftritt und Benehmen, ihre Fähigkeiten augenscheinlich beim Verkauf von Zeitschriftenabonnements an Haustüren erworben haben.

Wenn man schon an der Erfüllung grundlegender Kundenanforderungen scheitert, ist es auch nicht weiter verwunderlich, dass es offenbar nur wenigen Unternehmen gelingt, wirklich begeisternde Erlebnisse zu schaffen. Die Gestaltung der

Customer Experience stellt sich denn auch für Unternehmen als komplexe, multidimensionale und dynamische Problemstellung dar, die nicht nur differenzierten Kundenansprüchen in Bezug auf Funktionalität, Ästhetik und Symbolik des Leistungsangebots im engeren Sinne genügen muss, sondern auch das Zusammenspiel zwischen Mensch, Technologie und Prozess im Sinne des Design bedarfsgerechter und ganzheitlich gestalteter Kundenerlebnisse orchestrieren muss (Abb. 2.2). Eine Synthese verschiedenster Definitionen aus der Literatur unterstreicht die besonderen Anforderung des Experience Design hier nochmals (Homburg et al., 2017 und die dort angegebene Literatur):

"CE is the evolvement of a person's sensorial, affective, cognitive, relational, and behavioral responses to a firm or brand by living through a journey of touchpoints along prepurchase, purchase, and postpurchase situations and continually judging this journey against response thresholds of co-occurring experiences in a person's related environment. In this regard, a touchpoint represents any verbal (e.g., advertising) or nonverbal (e.g., product usage) incident a person perceives and consciously relates to a given firm or brand."

Wesentliche Fähigkeiten, die das Marketing hier im Kontext der Gestaltung und kontinuierlichen Entwicklung von Kundenerlebnissen einbringen muss, sind laut Homburg et al. (2017, S. 386), *"... touchpoint journey design, touchpoint prioritization, touchpoint journey monitoring, and touchpoint adaptation"*. Der Fokus sollte dabei allerdings nicht ausschließlich auf die Art, Zahl und Relevanz der Touchpoints gerichtet sein, sondern insbesondere auch die Vernetzung, Dynamik und die prozessuale Dimension des Erlebnisphänomens berücksichtigen, sind doch die Customer Journey und damit die Customer Experience nicht nur mehr als die Summe ihrer Teile, sondern auch permanenter work-in-progress (Kranzbühler et al., 2018; Lemon & Verhoef et al., 2016; Rawson et al., 2013). Allerdings gilt es an dieser Stelle festzustellen, dass über die Dynamik der Kundenzufriedenheit in episodischen Konsumkontexten zwar weitestgehend Einigkeit besteht, dass jedoch hinsichtlich der sequenziellen Entstehungshistorie und der jeweiligen Interdependenzen, Konsistenzen und der Kohäsion der verschiedenen Kontaktpunkte, nach wie vor noch große theoretische und praktische Wissensdefizite bestehen (De Keyser et al., 2020; Groth et al., 2019). Bevor man jedoch, angesichts der Komplexität des Themas, den Mut verliert sich der Herausforderung der Customer Journey bzw. Customer Experience zu stellen, hier ein guter Ratschlag von Star-Wars-Regisseur George Lucas, der nach dem Erfolgsgeheimnis seiner Filme befragt, angeblich gesagt haben soll: *„Strong beginning, strong end and don't screw it up in the middle!"*

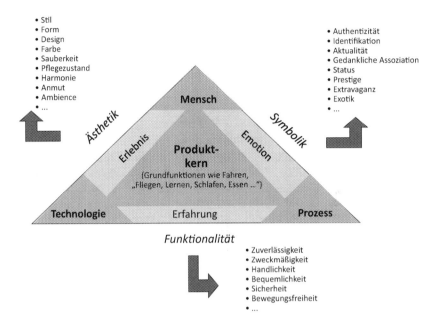

- Stil
- Form
- Design
- Farbe
- Sauberkeit
- Pflegezustand
- Harmonie
- Anmut
- Ambience
- ...

- Authentizität
- Identifikation
- Aktualität
- Gedankliche Assoziation
- Status
- Prestige
- Extravaganz
- Exotik
- ...

Ästhetik

Erlebnis

Mensch

Symbolik

Emotion

Produkt-kern
(Grundfunktionen wie Fahren, „Fliegen, Lernen, Schlafen, Essen ...")

Technologie   Erfahrung   Prozess

Funktionalität

- Zuverlässigkeit
- Zweckmäßigkeit
- Handlichkeit
- Bequemlichkeit
- Sicherheit
- Bewegungsfreiheit
- ...

Abb. 2.2 Leistungs- und Produktgestaltung als multidimensionale Problemstellung (Gardini, 2017).

Organisationsperspektive

Will man als Unternehmen wirklich ernst machen mit dem Anspruch, sich als „*experience leader*" in seiner jeweiligen Wettbewerbsarena zu positionieren, gilt es den Kunden nicht nur aus Marketingsicht ins Zentrum aller Unternehmensaktivitäten zu rücken, sondern dies auch organisational abzubilden, d. h. das Unternehmen konsequent um die Bedürfnisse der Kunden herum zu strukturieren (Markey, 2020; Homburg et al., 2017). Die meisten Unternehmen tun sich jedoch nach wie vor schwer damit, die Prozessorientierung als strukturdeterminierendes Organisationsmuster des Experience Management zu akzeptieren, ungeachtet der Tatsache, dass die Customer Journey in ihrer inhaltlich-konzeptionellen Ausrichtung zwangsläufig die funktionalen Organisationsstrukturen vieler Unternehmen überlagert. Zu stark konterkarieren hier zumeist die Bereichsegoismen, das Silodenken und fehlallozierte Steuerungsmechanismen die Bestrebungen des Marketing, den Kunden zum zentralen Fixpunkt organisationaler Unternehmensgestaltung und -entwicklung zu machen. Managementberater Reinhardt Sprenger weist zurecht darauf hin:

„Wer den Kunden in den Mittelpunkt seines Geschäfts rücken will, muss sich zuallererst bewusstmachen: Je älter Unternehmen werden, desto strukturell kundenignoranter werden sie." (Obmann, 2018).

Das wird auch so bleiben, wenn es Unternehmen nicht gelingt, einen kulturellen Wandel anzustoßen, um die Philosophie des Design Thinking und die Logik der Customer Experience (Journeys, Touchpoints, Moments of Truth) im Kontext des Experience Management zu einem wesentlichen Element der Unternehmenskultur und zukünftiger Leistungsgestaltung zu machen (Gardini und Seppälä-Esser, 2020; Kolko, 2015; Martin & Martin, 2009). Unternehmen, die die Bedürfnisse ihrer Kunden in den Mittelpunkt stellen wollen, müssen ihre Organisationsstruktur und Entscheidungswege denn auch zwingend kundenzentriert und prozessorientiert umbauen, denn nur in kundenzentrierten und bereichsübergreifenden Prozessteams (Customer Experience bzw. Customer Journey Owner) können Bereichswissen und Produktexpertise zum Treiber für Innovation und Wettbewerbsfähigkeit werden und dazu beitragen, das im Wettbewerbskontext beste oder das bessere Kundenerlebnis zu erschaffen (Markey, 2020). Oder wie Kerstin Köder, Marketingchefin Deutschland & Mittel- und Osteuropa, SAP, es in der Absatzwirtschaft formulierte (asw, 2020b):

„Wir können uns zum Dirigenten der Customer Journey entwickeln, wenn es uns gelingt, Silos aufzubrechen und alle Unternehmensaktivitäten rund um den Kunden zu orchestrieren."

Ein solcher Bewusstseinswandel, gepaart mit einer klaren strategischen Ausrichtung auf die Schaffung einzigartiger Produkt- bzw. Kundenerfahrungen, ist vor dem Hintergrund dynamischer Kundenansprüche in einer *„experience economy"* nahezu unumgänglich, denn die Vorstellungen und die Erwartungen, die Kunden zukünftig entwickeln werden, werden nicht nur durch die jeweiligen Top-Performer der eigenen Branche geprägt, sondern zunehmend auch durch Best Practices und Experience Benchmarks von Unternehmen aus anderen Branchen und Märkten.

„Analyzing the experiential world of the customer", ist denn auch laut Bernd Schmitt (2003), einem der Pioniere des Customer Experience Management, die Conditio sine qua non jeglichen Experience oder Service Design. Heißt, wer die Welt seiner aktuellen und potenziellen Kunden besser versteht als andere, ist schon einen wesentlichen Schritt voraus, wenn es darum geht, ein Experience Leader in der entsprechenden Branche zu werden. Zwischen Zielgruppe und Produkt besteht jedoch bei vielen Unternehmen eine Mauer im Kopf und so fällt es vielen Unternehmen schwer, ihre *„key customer journeys"* (Rawson et al., 2013) zu identifizieren.

Um diese Mauer einzureißen braucht es ein neues Mindset, und auf dem Weg dorthin ist es in einem ersten Schritt hilfreich, wenn Unternehmen sich weniger als Produktentwickler, sondern mehr als Problemlöser verstehen und damit ihren Blick zukünftig mehr auf die nutzenorientierte Lösung von Kundenproblemen richten, statt auf die verkürzte, merkmalsgetriebene und leistungsbezogene Entwicklung neuer oder modifizierter Produkte und Dienstleistungen. So geht es bspw. insbesondere jüngeren Automobilkunden weniger um den Besitz eines Autos, sondern um Mobilität (Wie komme ich von A nach B?). Die Problemlösung kann hier, außer dem Kauf eines Automobils, in Car-Sharing-Services (Share Now), multimodalen Mobilitätskonzepten (DB Connect, Flinkster) oder auch in flexiblen Abo-Modellen für Automobile (z. B. Care by Volvo, ViveLaCar) liegen, bei dem bis auf Benzin bzw. Strom alles, was üblicherweise mit dem Kauf und der Nutzung eines Automobils verbunden ist, im Mietpreis inkludiert ist (z. B. Versicherungen, Werkstattservices, Bereifung etc.).

Dieser One-Stop-Shopping bzw. Seamless-Service-Ansatz ist nicht grundsätzlich neu, allerdings zeichnet sich zunehmend in vielen Märkten eine Umstellung im Konsumverhalten von Komplexität zu Convenience ab, für die Kunden aber immer mehr auch bereit sind zu zahlen. In sehr vielen Branchen und Märkten werden Produkte oder Dienstleistungen zukünftig zu Erlebnisbündeln oder sogenannten *„customer value constellations"* (Patricio et al., 2011) kombiniert, die rund um den spezifischen Kernnutzen, ganzheitliche und vor allem bequeme Konsumerfahrungen und Markenerlebnisse ermöglichen. Produkte wie ein Hauskauf, die Altersvorsorge, ein Umzug, die Vermögensplanung oder auch Gesundheit, werden in ihre Einzelbestandteile zerlegt, um dann kundenspezifisch wieder zusammengesetzt zu werden, um als sog. Meta Services dazu beizutragen, komplexe Problemstellungen aus Sicht des Kunden zu vereinfachen und damit überschaubarer zu machen (Jansen, 2020; Rawson et al., 2013). So ist die Pauschalreise, trotz unendlicher analoger und digitaler Wahl- und Kombinationsmöglichkeiten für Reisewillige, nicht totzukriegen und stellt nach wie vor die beliebteste Form des Reisens dar, ja erlebt sogar in den letzten Jahren eine Renaissance. Konsumenten, denen gesundes Essen wichtig ist, suchen eher nach einem glaubwürdigen Partner für gesunde Ernährung als nach einem konkreten Produkt von einem Hersteller oder Händler. Die Problemstellung ist hier offenbar umfassender und geht demzufolge weit über ein bestimmtes Produktangebot oder eine bestimmte Produktqualität hinaus. Für einen Lebensmittelhersteller oder Lebensmittelhändler zieht dies eine deutliche Erweiterung des Blickwinkels nach sich, nämlich von einem engen Produktfokus auf einen umfassenderen Kundenfokus aufzuzoomen, mit entsprechenden Auswirkungen auf die Organisationsstruktur, wenn zukünftig die Customer Experience und nicht die Product Experience im Vordergrund stehen soll. Bill Clinton war in den der 90er Jahren im Wahlkampf sehr erfolgreich mit dem Slogan: „It's the economy, stupid!" Zahlreichen Akteuren aus allen Bereichen der Wirtschaft auf ihrer Suche nach zukünftigen Wettbewerbsvorteilen möchte man in Anlehnung daran denn auch zurufen: *„It's the experience, stupid!"*

2.3   Customer Leadership: Kundenbeziehung statt Kundenorientierung!

Für Philip Kotler ist eine der wesentlichen Fragen aus Kundensicht, für die man als Unternehmen eine möglichst überzeugende Antwort haben sollte, die Frage: *„Warum sollte ich bei Ihnen kaufen?"* (Kotler, 2000). Als ich diese Frage zum ersten Mal in einem Workshop gestellt habe, hätte ich nicht erwartet, dass diese scheinbar einfache Frage gestandene Marketing- und Vertriebsprofis ins Schwitzen bringen könnte. Die Antworten fielen jedoch in der Regel eher banal und enttäuschend aus und sammelten sich über die Jahre, unternehmens- und branchenübergreifend zumeist irgendwo im Dreieck von Qualität, Innovation und Service. Vom Kunden und seiner Beziehung zum Kunden hat in diesen Workshops nur selten jemand gesprochen. Aber was suchen Kunden eigentlich in der Beziehung zu einem Unternehmen oder einer Marke? Was ist für die Mehrzahl von Kunden wirklich wichtig, welche Art, Form und Qualität der Beziehung wünschen sich Kunden und wie wird aus einem Kunden eigentlich ein wahrhafter und treuer Fan? Viele Unternehmen haben offenbar jenseits von soziodemografischen Daten und simplen verhaltenswissenschaftlichen Modellierungen nur wenig Gefühl dafür entwickelt, was eine gute oder einzigartige Kundenbeziehung eigentlich ausmacht und wie sie diese individualisieren und managen können. Avery et al. (2014) beschreiben dieses Defizit als *„lack of relational intelligence".*

Natürlich wollen Kunden Produkte, die funktionieren, sowie Dienstleistungen, die ihr Leistungsversprechen erfüllen, und vielleicht noch jemanden, der einem bei Problemen hilft. Aber das scheint weder aus Unternehmens- noch aus Kundensicht ein sonderlich ambitionierter Ansatz zu sein, Kunden besser als der Wettbewerb zufriedenzustellen, zu begeistern oder gar langfristig an sich zu binden. Ist die Alternative dann, ein Dauerfeuerwerk an Wow-Effekten zu zünden, mit dem Ziel, durch permanente Kundenbegeisterung seine Kunden dauerhaft zu binden? Ist die Beziehung zum Kunden im Marketing tatsächlich inhaltlich-konzeptionell wie ein „Porno" zu betrachten, eine Aneinanderreihung von „aufregenden Nummern" und „ekstatischen Höhepunkten", wie es der Marketingkollege Christian Blümelhuber vor einigen Jahren provozierend im Rahmen

eines Vortrags als These in den Raum gestellt hat? Oder geht es bei der Interaktion zwischen Unternehmen und Kunden doch um etwas Anderes als um eine
kurze aufflammende Begeisterung? Angesichts der Tatsache, dass es im Verhältnis
zum Kunden eher um enge Beziehungen als lose Bekanntschaften geht, sollte das
Genre des Marketing dann doch eher der Liebes- oder Freundschaftsfilm sein und
so bedarf es eines Wechsels von einer Kunden- zu einer Beziehungsorientierung
mit der Beziehungsqualität als zentraler Erfolgsgröße der Kundenbeziehung.

Peter Drucker und Philip Kotler waren immer der Ansicht, dass der wahre
Zweck eines Unternehmens darin bestehe, Kunden zu gewinnen und zu halten.
Viele Managerinnen und Manager würden das wohl heute noch unterschreiben.
Allerdings handeln sie nicht danach, und so stehen für viele Unternehmen, Investoren und Anleger vor allem Umsätze, Gewinne und Renditen im Fokus und
nicht die Qualität der Kundenbeziehungen (Markey, 2020). Zahlreiche Unternehmen entwickeln denn auch oftmals eine recht merkwürdige Auffassung davon,
was eine zufriedenstellende oder gar überragende Beziehungsqualität ausmacht.
So wird bei vielen Telekommunikations- und Medienunternehmen nicht nur
die langjährige Loyalität der Kunden mit höheren Preisen bestraft, sondern sie
zwingen ihre Bestandskunden darüber hinaus in eine dauerhafte Kündigungs-
/Neuabschlussschleife, um Leistungs- und Preisanpassungen überhaupt realisieren
zu können oder in einen unerfreulichen Telefonmarathon mit dem jeweiligen Call-
Center-Dienstleister, wo ein Prozessstandard offenbar darin besteht, erst beim
dritten Telefonat preisliche Zugeständnisse zu machen. Auch Zeitungs- und Zeit-
schriftenverlage ziehen bei der Neukundengewinnung alle Register, entwickeln
jedoch für ihre Bestandskunden wenig Ideen und Begeisterung. Völlig absurd
möchte man meinen, eine verkehrte Welt, in der Neukunden immer besser behan-
delt werden als langjährige Bestandskunden und die ziemlich genau das Gegenteil
von dem ist, was in Marketingvorlesungen und -kursen weltweit gelehrt wird.

Gerne werden auch die Schwachpunkte von Kunden durch Unternehmen bewusst ausgenutzt (z. B. Unkenntnis, Bequemlichkeit, Alter, Bildungs-
/Sprachniveau etc.). Informationsasymmetrien sind dafür ein guter Hebel. Älteren
Kunden werden gerne komplexe Versicherungs- oder Bankprodukte verkauft, die
sie weder verstehen noch brauchen, bei vielen medizinischen Leistungen weiß
man nicht immer ganz genau, ob ein Arzt oder ein Verkäufer vor einem sitzt
und spätestens auf Seite 35 der Allgemeinen Geschäftsbedingungen von Apple,
Microsoft, Allianz & Co., steigt auch der Großteil der Bildungselite unter den
Konsumenten aus. Warum verfolgen zahlreiche Unternehmen eine solche Taktik der bewussten Ausnutzung und Verschleierung? McGovern und Moon (2007)
bringen es in ihrem Artikel "Companies and Customers who hate them" auf den
Punkt:

"Why, do so many companies infuriate their customers by binding them with contracts, bleeding them with fees, confounding them with fine print, and otherwise penalizing them for their business? Because, unfortunately, it pays. Companies have found that confused and ill-informed customers, who often end up making poor purchasing decisions, can be highly profitable indeed."

Ein weiterer Indikator für das mangelnde Interesse von Unternehmen an den Bedürfnissen und der Zufriedenheit ihrer Kunden ist das Bestreben, die persönliche und zwischenmenschliche Kontaktaufnahme möglichst zu erschweren. Die Kundenkommunikation wird entweder digitalisiert (Mail, Chatbots, Messengerdienste etc.), an mehr oder weniger gute Call-Center-Service-Anbieter outgesourct oder man kann Telefon- oder Chat-Termine vereinbaren, alles Kommunikationslösungen, die unter Kosten- und Effizienzaspekten sicherlich nützlich sind, aber dennoch vor allem eines signalisieren:

Den direkten Austausch mit aktuellen oder potenziellen Kunden suchen und ihnen zuzuhören steht hier nicht im Mittelpunkt der Kundenbeziehung. Dies gilt selbst für ein Unternehmen wie Amazon, das gerne in puncto Kundenzentrierung als Best-Practice-Beispiel herangezogen wird, sich aber bei Problemen und Beschwerden von Kunden oder Händlern als außergewöhnlich sperrig und kundenunfreundlich erweist und seine quasi-monopolistische Marktmacht vielfach kompromisslos auslebt.

Was sagt das über die Kundenorientierung, das Customer Relationship Management oder das Relationship Marketing solcher Unternehmen aus? Es fällt schwer, sich vorzustellen, dass sich in solchen Unternehmen das Marketing als die Stimme des Kunden im Unternehmen versteht. Dass es auch anders geht, zeigt bspw. ein Unternehmen wie Zappos. Zappos redet gerne mit seinen Kunden. Die Nummer des Customer Loyalty Team ist prominent auf jeder Unterseite der Website zu sehen, die Mitarbeiter sind nicht – wie bei klassischen Call-Center-Dienstleistern – dazu angehalten die „average handling time" effizient und möglichst kurz zu gestalten, sondern ihre Hauptaufgabe besteht darin, dem Kunden zu helfen, egal wie lange es dauert und was es dazu braucht. Das Netz ist voller Zappos-Wow-Stories, in denen deutlich wird, dass die Gespräche mit den Kunden zum stärksten Marketinginstrument von Zappos auf dem Weg zu einem der kompromisslosesten Online Retailer in Sachen Kundenzentrierung geworden sind. Wie so oft eine Frage der Haltung: „At Zappos.com, our purpose is simple: to live and deliver WOW."

Das ist auch zunehmend die Messlatte in vielen B2B-Märkten, denn ein gutes Produkt oder ein guter Preis allein reichen auch in vielen technologiegetriebenen Branchen nicht mehr aus. So ist der Landmaschinenhersteller Fendt nicht nur

Technologiemarktführer, sondern legt großen Wert darauf, seine Kunden entlang ihrer Customer Journey zu begleiten und partnerschaftlich zu beraten. Eine starke Kunden- und Beziehungsorientierung ist für Fendt der Schlüssel, um im hart umkämpften Landtechnikmarkt zu bestehen und sich trotz deutlich überdurchschnittlicher Produktpreise einen Kundenstamm aufzubauen, dessen Mitglieder mit eingefleischten Applekunden zu vergleichen sind. Die Customer Journey vieler Fendt-Kunden beginnt beim jeweiligen Händler, führt nach dem Kauf über eine Werksführung zu einem Arbeits- und Produkterlebnis, bei dem die Kunden innovative Technologien, Komfort und über das starke Markenimage von Fendt einen hohen Prestigenutzen genießen. Darüber hinaus bietet die Firma Fendt einen vielfach prämierten Kunden- und Ersatzteilservice. Veranstaltungen wie Fendt Tage, Fendt Technica oder weitere Begegnungs- und Austauschformate generieren wichtige Customer Relationship Touchpoints und runden die Reise ab, bis die Maschine letztendlich weiterverkauft wird und in der Regel mit einem sehr hohen Wiederverkaufswert gerechnet werden kann. Ergebnis dieser kunden- und beziehungsorientierten Strategie sind regelmäßige Spitzenplätze bei nationalen und internationalen Qualitäts-, Service- oder Zufriedenheitsbewertungen durch Kunden und Händler.

Was macht nun die Beziehungsqualität oder eine gar einzigartige Beziehung aus? Es wird kolportiert, dass der Erfolgsinvestor Warren Buffet, nach dem Erfolgsgeheimnis einer guten Ehe befragt, folgendes zu Protokoll gegeben habe: *„It's not looks, it's not intelligence, it's not even money. It's low expectations."* Für Deutsche-Bahn-Kunden ist das sicherlich ein guter Ratschlag, allerdings stellt sich, zumindest in wirtschaftlichen Beziehungen, dann doch die Frage, warum man eine wenig zufriedenstellende Beziehung – ausreichende Alternativen vorausgesetzt – eigentlich aufrechterhalten sollte. Beziehungen zwischen Unternehmen, Marken und ihren Kunden sind denn auch selten rein rational oder emotional und spätestens seit sich die Machtverhältnisse in vielen hochkompetitiven Branchen zugunsten der Kunden verschoben haben, auch intensiver und komplexer geworden. Es wird kaum überraschen, dass es, analog zu der Vielfalt menschlicher Persönlichkeits- und Charakterausprägungen, auch viele verschiedene Arten und Formen von Kundenbeziehungen zu beobachten gibt, die es im Kontext sozialer Interaktionen und wirtschaftlicher Austauschprozesse zu verstehen und zu berücksichtigen gilt. So können Beziehungen formell oder informell, positiv oder negativ, stark oder schwach, freiwillig oder erzwungen, kurzfristig oder langfristig, symmetrisch oder asymmetrisch und vieles andere mehr sein. Daraus entstehen verschiedene Beziehungstypen, die Unternehmen erst einmal für sich und ihr Kundenportfolio identifizieren und sequenzieren müssen, um die jeweiligen unternehmensspezifischen Beziehungsmuster verstehen und die Beziehungen individuell und aktiv managen zu können (Avery et al., 2014; Esch, 2016): Apple gilt bspw. als eine klassische Love Brand, und so gleicht die Beziehung vieler Apple-Kunden fast einer Art von Liebesbeziehung, die Beziehung von Harley-Davidson zu seinen Kunden hat insbesondere aufgrund ihrer bedeutsamen Marken-Community eher ein Best-Friend-Charakter, während IKEA oder Virgin Atlantic durch ihren recht informellen Umgang mit Kunden stärker eine Buddy-Beziehung anstreben. Die Kundenbeziehungen im Banken-, Versicherungs- oder IT-Sektor weisen aufgrund des Formalitätsgrades und des zweckorientierten Produktportfolios zumeist den Charakter einer Zweckehe auf, während aus asymmetrischen Macht- und Beziehungsverhältnissen schnell eine Liebe-Hass-Beziehungskonstellation werden kann (z. B. Deutsche Bahn für B2C-Kunden; Booking, Facebook, Google, Amazon für B2B-Kunden).

Will man Kundenbeziehungen erfolgreich managen, braucht es jedoch, jenseits von unterschiedlichen Kunden- oder Beziehungstypen, neben einem wahrhaften Interesse an Kunden und ihren Bedürfnissen, auch eines grundlegenden Verständnisses darüber, was die Einflussfaktoren guter oder gar erfolgreicher Beziehungen sind. Ein kurzer Blick in Disziplinen wie Psychologie, Ökonomie, Verhaltenswissenschaft, Spieltheorie etc., fördert schnell einige gemeinsame Nenner zutage, wenn es darum geht, was Menschen bzw. Kunden in der Regel von einer Beziehung erwarten: Vertrauen, Kommunikation, Respekt, Fairness, Ehrlichkeit, Ernsthaftigkeit, Anerkennung, Commitment, Engagement und anderes mehr. Beziehungsqualität wird somit in der Dienstleistungsforschung als die wahrgenommene Güte der Beziehung zwischen Anbieter und Kunden als Ganzes verstanden und spiegelt somit die Qualität aller bisherigen Anbieter-Nachfrager-Interaktionen. Die Dienstleistungsforschung weist seit längerem darauf hin, dass es dabei insbesondere auf die o.g. weichen Faktoren ankommt (statt vieler Georgi, 2000; Zeithaml et al., 1992). Ein allzu großes Geheimnis sollten diese Erkenntnisse entsprechend auch eigentlich nicht mehr darstellen, dennoch tun sich viele Unternehmen offenbar schwer damit, ihre Kundenbeziehungen zu verstehen, geschweige denn zur Zufriedenheit der Kunden zu gestalten:

„Despite the "R" in CRM and the $11 billion spent on CRM software annually, many companies don't understand customer relationships at all […] In study after study, we find that consumers are frequently frustrated by companies' inability to meet their relationship expectations." (Avery et al., 2014, S. 73 f.)

Was tun? Customer Leadership bedeutet endgültig Abschied zu nehmen vom Einheitskunden und der Standardbeziehung. Wie ein Unternehmen mit der

Heterogenität seiner aktuellen und potenziellen Kunden umgeht, muss ein wesentlicher Aspekt auf dem Weg zu einem wahrhaft kundenzentrierten Unternehmen sein. Hierbei steht jedoch nicht so sehr die Frage im Mittelpunkt, wie Kunden Teil des jeweiligen Geschäftsmodells oder Markensystems werden können, sondern vielmehr die Frage, wie ein Unternehmen oder eine Marke Teil des jeweiligen Kundenlebens und -erlebens werden kann. Ausgangspunkt jeder guten Kundenbeziehung ist es demzufolge, nicht nur die Wünsche, Bedürfnisse und Erwartungen seines Gegenübers zu kennen, sondern insbesondere auch zu verstehen, welche Rolle das Unternehmen oder die Marke im Leben der jeweiligen Kunden spielt (Heinonen & Strandvik, 2015). Entsprechend macht die Gewinnung unterschiedlichster Informationen über den Kunden und seine Erfahrungs- und Wahrnehmungswelt den Kern eines jeden, wie auch immer gearteten Marketing-, Vertriebs- oder Kundeninformationssystems im Kontext eines Customer-Leadership-Ansatzes aus. So ist eine möglichst genaue und detaillierte Kundenkenntnis nicht nur mit Blick auf die verschiedenen Kundenwelten und Beziehungstypen essentiell, sondern stellt gleichzeitig dahingehend die Weichen, für welche Kunden welche Ressourcen einzusetzen sind (Homburg et al., 2016). Neben operativ angelegten Kundeninformationen, die im Wesentlichen darauf ausgerichtet sind, automatisierte Marketing- und Vertriebssysteme zu bedienen (Omnichannel, Marketing Automation, Data Management etc.), müssen Marketinginformationssysteme insbesondere entscheidungsrelevante Informationen für die eigentliche strategische Kernfrage des Customer-Leadership-Ansatzes bereitstellen: *„Sind meine Kundenbeziehungen stabil und resilient, die Kundenstruktur ausgewogen und zukunftsfähig und welche meiner Kunden sind heute und morgen noch attraktiv und profitabel?"*

Um diese Fragen zu beantworten, schlägt Diller (2000) einen Ansatz vor, in dessen Mittelpunkt das Bestreben steht, eine einzigartige und werthaltige

Intention			
eine einzigartige Beziehung			
Individualität	**Interaktion**	**Integration**	**Investments**
für Kunden	mit Kunden	von Kunden	in Kunden
Information über Kunden			

Abb. 2.3 Bausteine des Customer-Leadership-Ansatzes (nach Diller, H. 2000, modifiziert)

Beziehung zum Kunden aufzubauen (Abb. 2.3). Um dem richtigen Kunden, das Richtige zu bieten und in Folge eine einzigartige Kundenbeziehung aufzubauen und zu pflegen *(Intention)*, ist ein umfassendes Wissen um den Kunden und seine Konsumanforderungen essentiell *(Information)*, denn ohne ein dezidiertes Verständnis der spezifischen Kundenerfahrungen *(Interaktion)* ist eine Optimierung von Kundenbeziehungen kaum möglich. Je individueller diese Erfahrung empfunden und wahrgenommen wird *(Individualität)*, und je mehr der Kunde in einer definierenden und gestalterischen Funktion in Innovations- und Leistungserstellungsprozesse der Customer Journey eingebunden werden kann *(Integration)*, umso stärker die Wirkung in Bezug auf die subjektiv empfundene Beziehungsqualität. Dabei ist zu berücksichtigen, dass nicht alle Kunden gleich sind und nicht jeder Kunde sich rechnet. Deshalb müssen Unternehmen noch viel intensiver als in der Vergangenheit darüber nachdenken, welche Kunden für sie attraktiv und profitabel genug sind *(Investment)*.

2.4   Brand Leadership: Markenkultur statt Produktobsession!

Wie relevant sind Marken eigentlich wirklich für den Erfolg eines Unternehmens? „Was für eine Frage!" möchte man sich fast entrüsten, sind doch die Beiträge zum Erfolgsfaktor Marke in Wissenschaft und Unternehmenspraxis Legion, und es stehen unzählige Erkenntnisse aus unterschiedlichsten Branchen und Sektoren bereit, um die positive Beziehung zwischen Markenstärke und Unternehmenserfolg zu untermauern (statt vieler Freundt et al., 2020; Esch, 2017). Der wettbewerbsstrategische Sinn einer Marke wird insbesondere in ihrem Vertrauens-, Orientierungs-, Identifikations- und Differenzierungspotenzial gesehen. Folglich hat die Relevanz von Marken in vielen Branchen und Märkten sowohl aus Sicht der Konsumenten in den letzten Jahrzehnten stetig zugenommen (McKinsey, 2019), als auch aus Sicht von Unternehmensentscheidern und Marketingverantwortlichen, die Marken – mit Blick auf den Unternehmenserfolg – zu den wichtigsten Einflussgrößen zählen (PWC, 2019).

Der Erfolgsbeitrag von Marken kann offenbar nicht hoch genug eingeschätzt werden, wenn man allerdings genauer hinschaut, ist die Rolle und Wirkung der Marke durchaus von einer gewissen Ambiguität und Ambivalenz gekennzeichnet. Während in einigen Branchen und Märkten die ökonomische Relevanz von Marken und ihr Einfluss auf die Entscheidungsprozesse der Konsumenten ein akzeptiertes Wettbewerbsdiktum ist, lässt sich in anderen Branchen und Märkten beobachten, dass die Fähigkeit von Marken, das Konsumentenverhalten zu beeinflussen, Kaufpräferenzen zu provozieren und ökonomischen Wert zu generieren, keine notwendige Voraussetzung für den Unternehmenserfolg ist (Donnevert, 2009).

> „Wer erinnert sich noch? Mit welchem Reiseanbieter ging es im vergangenen Jahr in den Urlaub? Mit TUI, Thomas Cook oder der Rewe-Touristik, die neuerdings DER heißt? Mit JT, LMX oder der Nummer acht der Branche, GTI, die gerade Insolvenz angemeldet hat? Wem die richtige Antwort nicht einfällt, der darf sich in guter Gesellschaft wissen. Das Urlaubsgeschäft ist unübersichtlicher als das Supermarktregal für Duschgel, Tütensuppen oder Schokoriegel. Starke Marken hat die Tourismusbranche wenige hervorgebracht" (Kotowski, 2013).

Daraus abzuleiten, dass die Reiseindustrie keine erfolgreichen Unternehmen oder Geschäftsmodelle hervorgebracht hätte, wäre wohl deutlich zu kurz gesprungen, hat doch die Branche – vor Ausbruch der COVID-19 Pandemie – zehn Jahre in Folge immer neue Wachstumsrekorde verzeichnet und das anscheinend ohne sich nennenswert aus dem Markenbaukasten bedienen zu müssen. Ähnliches lässt sich auch für viele andere Branchen- und Wettbewerbskontexte konstatieren, wo die Marke als Wettbewerbs- und Erfolgsfaktor eine relativ untergeordnete Rolle spielt (z. B. Papiertaschentücher, Streamingdienste, Wasser, Druckfedern, Dübel, Toilettenpapier, Kartoffeln, Gastgewerbe etc.). Auch die Studienlage weist ein uneinheitliches Bild auf. Auf der einen Seite gibt es in schöner Regelmäßigkeit unzählige Studien, die Marken allgemein oder branchen- bzw. produktspezifisch als austauschbar, überflüssig und überschätzt charakterisieren und die Relevanz der Marke als Kaufentscheidungskriterium und Wettbewerbsfaktor im jeweiligen Konsumkontext generell infrage stellen (statt vieler B4P, 2019; Havas, 2017). Auf der anderen Seite gibt es im selben Zeitraum mindestens genauso regelmäßig Studien, die wahlweise das Comeback, die Renaissance oder die Macht der Marke feiern (statt vieler Prophet, 2021; McKinsey, 2019). Dass diese Studien immer nur Momentaufnahmen sind und eigentlich kaum etwas grundsätzlich zur Beantwortung der Frage beitragen, ob Marken relevant sind oder nicht, lässt sich sehr gut am Beispiel Strom nachzeichnen. So attestierten noch vor einigen Jahren verschiedene Studien (Meffert et al., 2002; Donnevert, 2009), dass die Marke bei der Entscheidung für einen Stromlieferanten kein relevanter Faktor für die Konsumenten sei, da Marken in diesem Branchen- und Produktkontext weder einen ideellen Nutzen zu stiften in der Lage seien, noch eine Informations-, Orientierungs- oder Risikoreduktionsfunktion erfüllen würden. Dies ist einige Zeit später und nach einer zwischenzeitlichen Verdreifachung der Mediaspendings der Stromanbieter in den letzten zehn Jahren anders und so hat sich Strom – laut den letzten Markenrelevanz-Studien von McKinsey – aus Sicht der Kunden in dieser

Zeit mehr und mehr vom Massenprodukt zur Markenware entwickelt (McKinsey, 2019; Freundt & Perrey, 2014).

Die Relevanz der Marke als Wettbewerbsinstrument ist offenbar nicht nur von dem grundlegenden Kontext des Marktes abhängig in dem sie geführt wird, sondern auch von der Dynamik der nachfrage- und angebotsbezogenen Veränderungen in diesen Branchen und Märkten. Warum Marken mal eine größere und mal eine geringere Bedeutung in bestimmten Branchen und Märkten haben, erschließt sich denn auch nicht immer unmittelbar und so stellt sich die Situation oftmals als klassisches Henne-Ei-Problem dar. Sind Marken in bestimmten Branchen und Märkten irrelevant, weil Marken schlichtweg keine Bedeutung für die Kunden und ihre Kaufentscheidung haben oder haben Marken keine Bedeutung, weil es in diesen Branchen und Märkten keine starken und damit relevanten Marken aus Kundensicht gibt?

Was heißt das jetzt? Genauso, wie Marken ständig in Gefahr laufen, an Relevanz zu verlieren, kann man davon ausgehen, dass es immer eine Chance gibt, als Marke an Relevanz zu gewinnen. Ob man die Chance zur Markenbildung im jeweiligen Branchen- und Wettbewerbskontext nun sieht oder nicht, erwächst in der Regel aus einem tiefen Verständnis dafür, wie das spezifische Geschäft *„tickt"*, d. h., wie Leistungsangebot, Kundenbedürfnisse, Wettbewerbskräfte und Unternehmensstrategie sinnvoll miteinander zu verzahnen und womöglich in ein Markenkonzept zu gießen sind (Aaker und Joachimsthaler, 2001). Erfolgreiche Markenführung ist denn auch nach Ansicht von Lutz Dietzold, Juryvorsitzender des German Brand Award,

> „… zunächst einmal keine Frage der Branche, der Größe oder des zur Verfügung stehenden Budgets, sondern vielmehr eine der Unternehmenskultur. Voraussetzung dafür ist, dass die Marke im Unternehmen als Kernprozess definiert und als Teil der Wertschöpfungskette betrachtet wird." […] "Letztendlich ist nicht die Größe des jährlich zur Verfügung stehenden Budgets entscheidend, sondern die Konsequenz, mit der eine Marke kontinuierlich und langfristig geführt und aufgebaut wird." (w&v, 2020)

Und es ist genau dieses Verständnis von Leadership und Marke, aus dem heraus es Unternehmen immer wieder gelingt, selbst in Branchen und Märkten, in denen Marken als Erfolgsgröße nur eine sehr geringe Rolle spielen und/oder Produkte als hochgradig austauschbar wahrgenommen werden, durch eine dezidierte Markenstrategie zu großer Bekanntheit (z. B. Mineralwasser/Gerolsteiner, Chips/Funny, Montage- und Befestigungsmaterial/Würth, Kaugummi/Wrigley's) oder gar einem ikonischen Markenstatus zu gelangen (z. B. Grillgeräte/Weber, Motorsägen/Stihl, Dübel/Fischer, Motorräder/Harley Davidson).

Was unterscheidet nun Leadership-Marken von weniger gut geführten Marken? Mit dem Titel seines lesenswerten Buches „*Identität – Das Rückgrat starker Marken*", bringt es der Markenexperte Franz-Rudolf Esch schnörkellos auf den Punkt (Esch, 2016). Der Pfad zur Brand Leadership führt von der Identität über die Relevanz zur Präferenz. Brand Leader machen sich denn auch weniger Gedanken über die generelle Bedeutung des Kaufentscheidungskriteriums Marke für das Kauf- und Konsumverhalten in der jeweiligen Produktkategorie, sondern fragen sich, wie Sie mit Ihrer Marke in einer spezifischen Produktkategorie für eine spezifische Kundengruppe relevant werden können. Nach Aaker gilt es zum einen Angebote zu entwickeln, die so innovativ sind, dass die in ihnen enthaltenen Nutzenvorteile („must haves") eine neue Kategorie oder Subkategorie definieren und zum anderen gilt es, eine ausreichende Verbindung der Marke zur Kategorie oder Subkategorie sicherzustellen (Sichtbarkeit, Glaubwürdigkeit etc.), damit die Marke als relevant wahrgenommen wird (Aaker, 2013). Bionade (Bio-Limonade), Motel One (Budget-Design-Hotel), Red Bull (Energy Drink), Apple (Smart Phone), Aldi (Discounter) sind Beispiele von Marken, die ihren First Mover Advantage zur Bildung einer eigenständigen Produktkategorie genutzt und ihre Innovationsstärke in Markenrelevanz umgemünzt haben. Im Bestfall wird die Marke zum Gattungsbegriff und ist damit automatisch relevant (z. B. Tempo, Tesa, Uhu, Zewa, Post-it, Nutella, Maggi, Pampers).

Dieser Logik entsprechend steht und fällt der Erfolg einer Marke damit, dass Kunden wissen, wofür eine bestimmte Marke steht. Denn nur dann hat eine Marke überhaupt eine Chance, relevant für Kunden zu werden. Wie kann ein Unternehmen also dem Kunden mit seinem Wertangebot, mit seiner Marke, das vermitteln, was die Werber-Ikone David Ogilvy schon in den 60er Jahren als Postulat erfolgreicher Marken ausgelobt hat, als er konstatierte: „*A brand is a consumer's idea of a product.*" In vielen Branchen ist jedoch das Marketing eher produkt- denn markengetrieben und Markenführung wird oftmals mit Werbung verwechselt. Eine Marke sollte jedoch mehr als nur ein kommunikativ aufgehübschtes Produkt sein, wie es auch plakativ in einem Zitat des früheren Chief Marketing Officers von McDonald's, Paul Schrage, zum Ausdruck kommt: „*A product is something you sell, but a brand is something you stand for*".

Die Voraussetzung für Relevanz ist demnach, dass eine Marke über eine klare Identität verfügt. Das bedeutet, dass Unternehmen und Marken, um erfolgreich sein zu können, eine ureigene Erzählung brauchen. Sie brauchen eine klare Haltung in unklaren Zeiten (VUCA-Welt) oder, wie der Kollege Esch es propagiert, sie brauchen ganz einfach Mut, Geduld und Rückgrat, um eine starke und damit auch relevante Marke aufbauen zu können (Esch, 2016). Grundlegendes Gestaltungsziel eines *Brand-Leadership*-Ansatzes ist es dabei, eine möglichst hohe Übereinstimmung zwischen einer authentischen, konsistenten, stringenten und einzigartigen Identität einer Marke (Selbstbild des Unternehmens) und dem Image dieser Marke (Fremdbild des Unternehmens) bei den relevanten Ziel- bzw. Anspruchsgruppen (Kunden, Mitarbeiter, Stakeholder) zu erzielen. Die Markenstrategieberatung Prophet definiert die Aufgabenstellung dabei wie folgt (Prophet, 2019, Abb. 2.4):

> „Dauerhaft relevante Marken nehmen Konsumenten für sich ein, überraschen und verbinden. Sie begeistern, sind anders und bieten ihren Kunden außergewöhnliche Erlebnisse. Sie sind immer in Bewegung. Sie haben den Anspruch, sich die Loyalität ihrer Kunden immer wieder neu zu verdienen. Und sie definieren neu, was in ihrer und in unserer Welt möglich ist."

Entsprechend müssen sich Unternehmen und Marken kontinuierlich fragen, welche Rolle sie aktuell im Leben ihrer Kunden spielen, wann, wo und wie sie präsent sind und wie ein Unternehmen oder eine Marke ein wertvoller und wichtiger Teil des jeweiligen Kundenlebens und Erlebens und damit relevant werden kann.

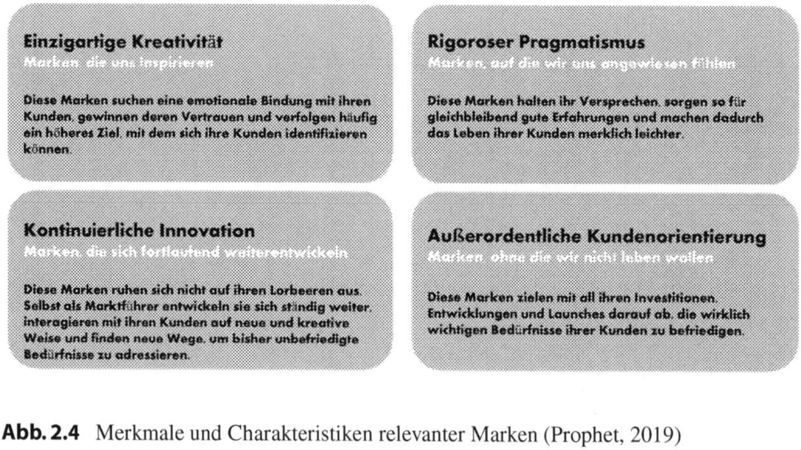

Einzigartige Kreativität
Marken, die uns inspirieren

Diese Marken suchen eine emotionale Bindung mit ihren Kunden, gewinnen deren Vertrauen und verfolgen häufig ein höheres Ziel, mit dem sich ihre Kunden identifizieren können.

Rigoroser Pragmatismus
Marken, auf die wir uns angewiesen fühlen

Diese Marken halten ihr Versprechen, sorgen so für gleichbleibend gute Erfahrungen und machen dadurch das Leben ihrer Kunden merklich leichter.

Kontinuierliche Innovation
Marken, die sich fortlaufend weiterentwickeln

Diese Marken ruhen sich nicht auf ihren Lorbeeren aus. Selbst als Marktführer entwickeln sie sich ständig weiter. interagieren mit ihren Kunden auf neue und kreative Weise und finden neue Wege, um bisher unbefriedigte Bedürfnisse zu adressieren.

Außerordentliche Kundenorientierung
Marken, ohne die wir nicht leben wollen

Diese Marken zielen mit all ihren Investitionen, Entwicklungen und Launches darauf ab, die wirklich wichtigen Bedürfnisse ihrer Kunden zu befriedigen.

Abb. 2.4 Merkmale und Charakteristiken relevanter Marken (Prophet, 2019)

Eine Selbstanalyse kann hier den Startschuss geben. Bei neu zu entwickelnden Marken steht die Entwicklung der Markenvision und Markenidentität (bisweilen auch Brand Purpose betitelt) im Vordergrund, die möglichst präzise Antworten auf vier Kernfragen liefern sollte: Wer bin ich? Was kann ich? Was will ich? Was macht mich einzigartig? Bei bestehenden Marken geht es hingegen um die interne Wahrnehmung der aktuellen Marke. Aaker und Joachimsthaler sprechen davon, dass es gilt *„die Seele der Marke einzufangen, und diese Seele ruht im Unternehmen"* (Aaker & Joachimsthaler, 2001, S. 51). Des Weiteren geht es im Bemühen um Markenrelevanz auch darum, die Position und die Wahrnehmung der Marke im Kunden- und Wettbewerbskontext zu verstehen (Abb. 2.5), d. h. um die Beantwortung der Fragen: Was stiftet für den Konsumenten einen wahrnehmbaren Nutzen, wie positionieren sich die Wettbewerber und wo liegen unsere Marken- und Nutzenvorteile („Must-haves")? Keller und andere schlagen in diesem Zusammenhang vor, insbesondere auf folgende markenbezogene Fragen der Kunden Antworten zu finden (Keller, 2001):

- Was kannst Du? (Markenversprechen)
- Wie bist Du? (Markenpersönlichkeit)
- Was denke ich über dich, was fühle ich? (Markenimage)
- Was ist mit uns, welche Beziehung haben wir? (Markenbeziehung)
- Welche Bedeutung hast Du für mich? (Markenrelevanz)

Die Wettbewerbsanalyse untersucht gegenwärtige und potenzielle Wettbewerber, um das größtmögliche Differenzierungspotenzial zu konkurrierenden Marken zu identifizieren. Die Untersuchung der relativen Stärken und Schwächen der Wettbewerber und ihrer Markenkonzepte sowie die Suche nach differenzierenden Wettbewerbsfeldern (Kategorien, Subkategorien) und Markenbausteinen ist demzufolge für jedes Unternehmen eine entscheidende Voraussetzung, um den Wettstreit um die Markenrelevanz für sich zu entscheiden. (Aaker, 2013).

Abb. 2.5 Wettbewerbsstrategisches Markendreieck

Zur Analyse des Markenstatus und zur Entwicklung der Identität einer Marke liegt eine Vielzahl empirisch fundierter Analysetools vor (statt vieler Esch, 2017). Entscheidender für die Frage, ob Unternehmen und Marken Teil des jeweiligen Kundenlebens und -erlebens werden können, ist jedoch weniger die Technik der Markenführung als das Bekenntnis zu einer Kultur der Marke im Unternehmen. Eine Leadership-Marke fußt auf dem Fundament eines starken normativen Wertegefüges (Mission Leadership) und prägt kulturell die verschiedenen normativen, strategischen und operativen Ebenen der Markenführung mit der immer wiederkehrenden Frage: *Zahlt das auf die Marke ein oder nicht, passt das zur Marke oder nicht?* (Esch, 2016). Das daraus entstehende unternehmenskulturelle Narrativ verändert die Wahrnehmung der Organisation und seiner Stakeholder im Hinblick auf die Rolle und Wirkung von Marken für den Erfolg des Unternehmens und es ermöglicht Leadership-Marken eine konsistente, kompromisslose und kundenzentrierte Art der Markenführung. Diese ist notwendig, um genau jene unverwechselbare Markenidentität zu schaffen, die aktuellen und potenziellen Kunden zu jeder Zeit, an jedem Ort, eben jenes Maß an Vertrauen, Orientierung und Kontinuität vermittelt, das für Kunden am Ende den Unterschied zwischen Relevanz und Irrelevanz ausmacht.

2.5   Digital Leadership: High Touch durch High Tech!

Die Diskussion in Wissenschaft und Praxis ist nicht arm an Superlativen, wenn es darum geht, die Effekte und Wirkungen der Digitalisierung auf Politik, Gesellschaft und Wirtschaft zu benennen. So stellen die Apologeten des digitalen Zeitalters nichts weniger infrage als die Grundpfeiler unserer Konsumgesellschaft (McKinsey, 2017; Hennig-Thurau, 2014), alle Wirtschaftsbereiche sind in tief greifende digitale Transformationsprozesse verstrickt (Verhoef et al., 2021; Rogers, 2016), disruptive Digitalinnovationen und Geschäftsmodelle fegen Unternehmen und Märkte hinweg (Kreutzer et al., 2017; Meyer, 2016), enorme Big-Data-Wellen revolutionieren Unternehmen und Institutionen (Wang & Wang, 2020; Reinhardt, 2020), die Arbeitswelt ist nicht mehr wiederzuerkennen (Plass, 2020; Breuer et al., 2018) und der Kunde mutiert langsam aber sicher vom Homo Oeconomicus zum Homo Digitalis (Backhaus & Paulsen, 2020; Gardini, 2019). Entsprechend wird suggeriert, dass alles im digitalen Zeitalter, jetzt und sofort, sprich in Echtzeit, neu zu denken ist (das neue Marketing, die New Economy, die neue Arbeitswelt, das neue Mindset etc.). Oder es muss etablierten Branchen, Konzepten und Instrumentarien zumindest ein e (electronic), ein m (mobile) oder ein d (digital) vorangestellt werden (eBusiness, eCustomer, eCRM, mMarketing, mDistribution, d'economy etc.), um die Relevanz und Kraft des Digitalen im Ökonomischen aufzuzeigen.

Dass die digitale Wirtschaft bzw. die sog. Netz-Ökonomie mit ihren zahlreichen Anwendungen und Technologien viele Bereiche des Wirtschaftslebens zu beeinflussen in der Lage ist, hat nicht zuletzt die Corona-Pandemie unter Beweis gestellt, wo eine analog geprägte Gesellschaft gleichsam über Nacht das digitale Feuer entdeckt hat bzw. entdecken musste. Die Potenziale der Digitalisierung und der Künstlichen Intelligenz beflügeln aller Ortens die Fantasie und so rechnet McKinsey weltweit mit einem zusätzlichen jährlichen Wertschöpfungspotenzial zwischen 400 und 800 Mrd. US-Dollar für den Handel allein durch den Einsatz von Deep-Learning-Systemen, während man für die Konsumgüterindustrie und die Logistik- und Reisebranche von bis zu 500 Mrd. US-Dollar Wertzuwächsen ausgeht (McKinsey, 2018).

Dennoch ist mit Blick auf die Situation eines Unternehmens oder eines Unternehmers die Frage zu stellen, ob diese Veränderungen so massiv und elementarer Natur sind, dass sie einen echten Paradigmenwechsel für die Art und Weise darstellen, wie Wirtschaftsbeziehungen in marktwirtschaftlich organisierten Systemen funktionieren. Bereits Porter wies frühzeitig darauf hin, dass der Blick auf die digitale Technologie bzw. die ökonomische Bewertung der Relevanz internetbasierter Technologien, weniger von unkritischer Euphorie und einer artifiziellen Trennung von Offline- und Online-Welten geprägt sein sollte, sondern von einer klaren Analyse über den strategischen Mehrwert, den die digitalen Möglichkeiten Unternehmen und Organisationen zu liefern in der Lage sind:

„We need to move away from the rhetoric about „Internet Industries", eBusiness Strategies", and a „New Economy" and see the Internet for what it is: an enabling technology – a powerful set of tools that can be used wisely or unwisely, in almost any industry and as part of almost any strategy. We need to ask fundamental questions: Who will capture the economic benefits the Internet creates? Will all the value end up going to customers, or will companies be able to reap a share of it? What will be the Internet's impact on industry structure? Will it expand or shrink the pool of profits? And what will be its impact on strategy? Will the Internet bolster or erode the ability of companies to gain sustainable advantage over competitors?" (Porter, 2001, S. 64)

Dieses Zitat liegt nun zwanzig Jahre zurück und auch wenn sich zu dem einen oder anderen Aspekt bereits einige Antworten gefunden haben mögen, oder sich zumindest Tendenzen gezeigt haben, so sind es doch immer noch dieselben Grundsatzfragen und Probleme, die sowohl die Wissenschaft als auch die Unternehmenspraxis hier und heute im Kontext der digitalen Transformation beschäftigen. Es zeigt sich, dass man sich immer noch in einer Früh- bzw. Experimentierphase des Digitalen befindet, in der es zwar viele Möglichkeiten zu geben scheint, aber nur sehr wenige Wahrheiten und Gesetzmäßigkeiten.

„If the first 15 or so years of digital were defined by technology, uptake and the creation of new marketing channels, the next 15 years may well be characterized by what we do with all this technological stuff. How do digital marketers utilize all the tools at their disposal in order to win new audience and reach out to their customers?" (Ryan, 2014, S. 12)

So erhebt sich denn auch aus Marketingsicht die Frage, wo der konkrete Mehrwert des Digitalen liegt, inwieweit grundlegende Gesetzmäßigkeiten des Marketing durch die Digitalisierung außer Kraft gesetzt werden oder inwieweit digitale Technologien oder künstliche Intelligenzen das konzeptionelle und instrumentelle Handlungsspektrum des Marketing konkret und substanziell erweitern und wie die Rollenverteilungen und Beziehungen zwischen Marketing und Informationstechnologie, zwischen Digital und Analog sowie Unternehmen und Kunden zukünftig ausschauen könnten? Um diese Fragen beantworten zu können, erscheint eine Rückbesinnung auf die fundamentale Bedeutung und Essenz des Marketing hilfreich. Unternehmen sind heute und in der Zukunft nicht so erfolgreich, weil sie nun digitale statt analoge Produkte oder Dienstleistungen anbieten, sondern weil sie das Konzept der marktorientierten Unternehmensführung zur Leitmaxime erklärt haben (Hennig-Thurau et al., 2014). Auch im digitalen Zeitalter gilt es, nachhaltige Werte für ausgewählte Kunden zu schaffen, notwendige Veränderungsprozesse anzustoßen und das Management von Austauschbeziehungen in den Vordergrund aller Unternehmensaktivitäten zu stellen. Hier scheint es allerdings in vielerlei Hinsicht noch reichlich Luft nach oben zu geben, denn solange uns das Digitale noch nicht zu einer zweiten Natur geworden ist, solange die vielen „born digitals" dieser Welt zwar viel von Technologie, aber wenig von Marketing verstehen, bzw. die Protagonisten der „old economy" zwar viel vom Marketing, aber wenig von digitalen Technologien verstehen, werden die digitalen Heilsversprechen im Marketing zwangsläufig unter ihren Möglichkeiten bleiben:

„Let's face it, marketing missed its last slot. Digital technology should have given marketers unprecedented powers—the power to understand customers; the power to increase returns; the power to shape the C-suite agenda. Naturally, the CMO stature should have risen. Marketing should have finally become *the* central function. It didn't

come that way. Too many top CMOs *still haven't found* their power formula. Too many
marketers got lost in digital tactics. And too many CEOs still don't get why customer
focus matters. Slot missed." (Barta, 2020)

Warum ist das so? Sollte die Digitalisierung nicht den langersehnten Traum aller
Marketingverantwortlichen wahr werden lassen? Dem transparenten Kunden zu
jeder Zeit, an jedem Ort, das richtige Angebot, zum richtigen Preis machen
zu können? Offenbar versagt das Marketing hier eklatant in seiner eigentlichen
Kernkompetenz, nämlich die Dinge vom Kunden aus zu denken. Im Ergebnis
dominiert im digitalen Marketing in vielen Unternehmen die Technologieperspek-
tive die Kundenperspektive und damit die Taktik die Strategie, anstatt umgekehrt:
„*... an sich ist technologischer Fortschritt im Marketing etwas Gutes. Nur dürfen wir
darüber nicht die eigentlichen Aufgaben des Marketing vergessen.*" (asw, 2020c,
S. 55). Des Weiteren wird auch im Marketing bei der digitalen Transformation
die strategische Dimension unterschätzt, ungeachtet des Diktums des digitalen
Transformationsmanagement, „*Strategy, not technology, drives digital transformation.*" (Kane et al., 2015). Und so fehlt es in vielen Unternehmen im Jahr 2021,
ziemlich exakt dreißig Jahre nach den kommerziellen Anfängen des Internets im
Jahr 1991, nach wie vor an einer dezidierten Digitalisierungsstrategie mit der auf
die veränderten Herausforderungen auf Kunden- und Wettbewerbsseite reagiert
werden kann.

Der konsequente Aufbau neuer Strukturen, Prozesse und Kompetenzen rund
um die zentralen Treiber des Kundennutzens (Produkt, Marke, Kundenbeziehung) wird zwar auch im digitalen Zeitalter als essentiell erachtet, allerdings sind
noch wesentliche strategische und organisationale Fragen der Wertschöpfungs-,
Kompetenz- und Rollenverteilung, der Kooperations- und Verantwortungskultur
sowie der Informations- und Ergebnishoheit ungelöst bzw. müssen unternehmen-
sindividuell erarbeitet werden (Dawar, 2018; Kreutzer et al., 2017; Swaan Aarons
et al., 2014). Und so stellen sich in der digitalen Marketingwirklichkeit denn
auch neue bzw. ungekannte Probleme und Herausforderungen. So zum Beispiel
die Frage, wer eigentlich die digitale und/oder analoge Customer Journey bzw. die
Total Customer Experience in Bezug auf die Prozesstreiber Kosten, Qualität und
Zeit konzeptionell, inhaltlich und organisational verantwortet. Oder ob es sinnvoll ist, im digitalen Zeitalter einen Chief Technology oder Chief Digital Officer
einzustellen und wie Organisations- und Informationshierarchien zwischen Marketing, Vertrieb und IT zukünftig in Bezug auf die Optimierung der digitalen und
analogen Marketingarbeit zu gestalten sind (Abb. 2.6).

So wird nicht nur die Notwendigkeit eines verstärkten digitalen Kompe-
tenzaufbaus offenbar, sondern es wird auch insbesondere die Relevanz einer

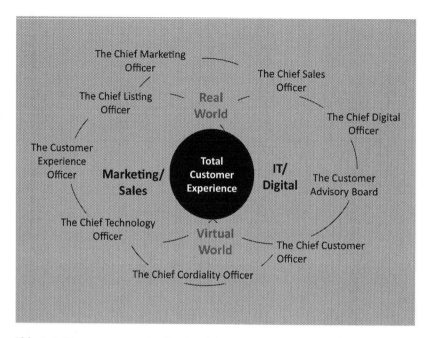

Abb. 2.6 Wer verantwortet das Kundenerlebnis? Ausgewählte Organisationsalternativen im Spannungsfeld zwischen digitalen und analogen Anforderungen im Marketing (Gardini, 2019)

kundenzentrierten Integration und Reorganisation von Marketing/Vertrieb und IT deutlich, will man über ein effektives und effizientes analoges und digitales Marketing nachhaltige Wettbewerbsvorteile im Markt realisieren oder bewahren. Mauern, Silos, Gräben, seien es organisatorische oder mentale, gilt es in dieser Hinsicht nach wie vor in sehr vielen Unternehmen einzureißen oder zuzuschütten und im Sinne einer kundenorientierten Agenda neu zusammenzufügen. Die Marketingabteilung muss sich dabei mit einer IT auseinandersetzen, die aufgrund ihres technologischen Wissensvorsprungs ein neues Selbstbewusstsein an den Tag legt und zunehmend ein strategisches Mitspracherecht für sich reklamiert, wenn es um Kundenprozesse und Kundenerlebnisse geht:

„IT moved from being an expensive, organizational cost center to a strategic enabler, gaining an important seat at the C-Suite table." (Brett, 2019, S. 65)

In den verschiedenen Reifegradphasen auf dem Weg zur digitalen Exzellenz werden Marketing und IT dieselben Grabenkämpfe um Macht, Status und Budget führen, wie es Marketing und Vertrieb seit den 60er Jahren vorleben. Ob derartige organisatorische Transformationsprozesse am Ende zu Gunsten oder zu Lasten einer einzigartigen Produkterfahrung und einer werthaltigen Kundenbeziehung ausgehen, wird sich unternehmensspezifisch entscheiden, hängt es doch vom Geschäftsmodell, von der Größe des Unternehmens, dem digitalen Reifegrad, den kulturellen Voraussetzungen und nicht zuletzt von der Haltung ab, welcher Ansatz aus Unternehmenssicht geeignet erscheint, die digitale Agenda voranzutreiben, ohne den Kunden dabei aus dem Auge zu verlieren. Nur Unternehmen, die bereit sind, die eigene Haltung von einer rein technologieorientierten Denkweise (inside out) hin zu einer kundenzentrierten Denkweise (outside in) zu ändern – und sich mit allen Konsequenzen rund um die Bedürfnisse des Kunden zu organisieren – werden dabei erfolgreich sein (Markey, 2020; Esch & Kochann, 2019).

Moderne Handelsunternehmen und Online-Händler, die in ihrer Digitalisierungsreife fortgeschrittener sind, zeichnen hier einen Weg vor. Sie lösen ihre zentrale IT auf und rücken die Entwickler näher an das kommerzielle Geschäft und damit näher an den Kunden. Bei digitalen Vorreitern wie bspw. Amazon oder Zalando liegen kommerzielle Prozessverantwortung und Technologieentwicklung seit jeher in einer Hand, und so wird in Zukunft die Stimme des Kunden im Unternehmen eher ein integriertes business- bzw. kundenzentriertes Team aus Marketing, Vertrieb und IT sein, das als Prozess Owner anstatt für ein Produkt für eine definierte Customer Journey bzw. ein definiertes Kundenerlebnis verantwortlich zeichnet, als verschiedene Abteilungen mit ihren oftmals sehr proprietären Agenden (Markey, 2020; Keutel et al., 2018). Die Tatsache, dass hier sehr unterschiedliche Kulturen und Mindsets im Unternehmen aufeinandertreffen, die sich zukünftig gemeinsam um Kundennutzen, Kundenzufriedenheit und Kundenloyalität bemühen müssen, macht dies zu einer herausfordernden Aufgabe für das Top Management und ohne allzu große prophetische Fähigkeiten an den Tag legen zu müssen, werden diejenigen Unternehmen sich strategische Wettbewerbsvorteile in ihren Branchen erarbeiten, die dies am schnellsten und effektivsten beherrschen (Gardini, 2019).

Ein beeindruckendes Beispiel eines solchen Digital-Leadership-Ansatzes liefert der französische Hotelkonzern Accor. Kurz nach seinem Amtsantritt als neuer CEO von Accor im August 2013 wurde Sébastien Bazin folgendes Zitat zugeschrieben: *„The last 40 years, 90 % of our efforts have been focused on brand and product, the next 40 years, 90 % will be focused on digital, clients and data!"* Seit diesem Statement hat der Konzern eine bemerkenswerte strategische

Transformation durchlaufen, von einer Hotelgruppe mit eher funktionalen Hotel-angeboten, zu einem Hospitality-Ökosystem, das rund um die Dachmarke Accor aktuell mehr als 50 Marken und Unternehmen besitzt (Hotels, Clubs, Restaurants, Co-Working, Tech-Start-ups, Sharing etc.). Diese sollen im Zusammenspiel von Markenfamilien, die sich um Lifestyle (25 h, Mama Shelter, Jo&Joe, Mondrian, Delano etc.), Luxus (Sofitel, Raffles, Fairmont, Banyan etc.) oder Economy (Ibis, Ibis Styles, Ibis Budget) und zahlreiche andere Einzelmarken gruppieren, sowie zusätzlichen Dienstleistungen und Geschäften eine eigene Markenwelt schaffen, in der Kunden zu jeder Zeit an nahezu jedem Ort ihre individuellen Wünsche ausleben können (Accor Live Limitless). Die um die Kundenbeziehung, die Mar-kenrelevanz und die analoge und digitale Produkterfahrung zentrierte Strategie, befähigt den Konzern wie kaum ein anderes Unternehmen in der weltweiten Ket-tenhotellerie, den Kunden über den gesamten Reiseprozess hinweg zu begleiten, sich permanent um ihn zu kümmern, ihm maßgeschneiderte Angebote in *realtime* aus der Accor-Markenwelt unterbreiten zu können und ihn dadurch immer stär-ker an das Accor-Ökosystem zu binden, was das Unternehmen aktuell zu einem herausragenden digitalen Leader in der Branche macht.

2.6   Employee Leadership: Menschen machen Marken!

Die Erkenntnis ist ebenso banal wie wahr. Qualifizierte und motivierte Mitarbei-ter und Mitarbeiterinnen sind der Schlüssel zum Unternehmenserfolg. Die zentrale Bedeutung von Mitarbeitern im Wettbewerbskontext ist sowohl in Wissenschaft als auch in der Unternehmenspraxis unbestritten und so haben viele Unterneh-men und Organisationen in der jüngeren Vergangenheit ordentlich an Dynamik und Ambition zugelegt, wenn es darum gehen soll, ein *„Great Place to Work"* zu werden und sich die richtigen Leute an Bord zu holen. Themen und Konzepte wie New Work, HR 4.0, Talent Management, Employer Branding, Leadership Deve-lopment, Agiles HRM, Diversity Management und viele andere mehr, schießen in den letzten zehn Jahren wie Pilze aus dem Boden und der *„War for Talents"* ist auf allen Ebenen und in allen Branchen in vollem Gang.

Allerdings klaffen wohl nirgendwo Anspruch und Wirklichkeit so sehr aus-einander wie bei der Mär vom Mitarbeiter als Erfolgsfaktor bzw. dem Mythos vom Mitarbeiter als wertvollste Unternehmensressource. Nicht nur, dass in schöner Regelmäßigkeit unzählige Studien den ausbleibenden Mehrwert der Human Resources (HR) beklagen, sondern auch bei den Mitarbeitern werden – exemplarisch gemessen an dem jährlichen Gallup Engagement Index – die

HR-Bemühungen um Mitarbeiterzufriedenheit und Mitarbeiterbindung in vielen Branchen, Unternehmen und Institutionen eher als chronisch defizitär und gestrig, denn als visionär und zukunftsweisend wahrgenommen. In weiten Teilen der deutschen Wirtschaft ist es dem Personalmanagement offenbar bis heute nicht gelungen, zum Business- und Wertschöpfungspartner des Top Management geworden zu sein, wie es der US-amerikanische Professor Dave Ulrich bereits im Jahr 1997 in seinem Buch „HR-Champions" gefordert hatte. Je nach Lesart sind viele Unternehmen von einem umfassenden und einheitlichen strategischen Personalmanagement nach wie vor weit entfernt (Hays, 2014; Gardini & Brysch, 2014), sind vom Reifegrad der Vorbereitung auf die Personalaufgaben der Zukunft nur unzureichend gerüstet (Bruch et al., 2019) oder leisten schlichtweg seit Jahrzehnten keinen nennenswerten Beitrag zur Wertschöpfung von Unternehmen, wie Thomas Sattelberger, der streitbare ehemalige Personalchef der Lufthansa und Telekom seit vielen Jahren nicht müde wird zu wiederholen:

> „Die deutschen Personalabteilungen, zumindest der überwiegende Teil von ihnen, sind seit zehn Jahren eine lebendige Leiche. Sie überlebt zwar noch, irgendwie. Mehr allerdings auch nicht." (Sattelberger, 2016).

Jetzt geht es beim HR nicht um HR, sondern ums Business, wie Dave Ulrich es unlängst formuliert hat (Höhmann, 2020), und so erfordern Strategien rund um das Management von Kundenerfahrungen, Kundenzufriedenheit und Kundenbeziehungen in einem weitgehend durch Dienstleistungen geprägten Wirtschaftssystem mehr denn je einen stimmigen personalwirtschaftlichen Ansatz. Was unterscheidet hier erfolgreiche von weniger erfolgreichen Unternehmen, welche Rolle spielt das HR Management hierbei und wie steht es um das Beziehungsgefüge zwischen Marketing und HR? Ausgehend von der o. g. Prämisse, dass Unternehmen, wenn sie Kunden heute und in Zukunft von sich überzeugen wollen, dies im Wesentlichen nur über eine einzigartige Produkterfahrung, die Relevanz der Marke oder die spezifische Qualität der Kundenbeziehung realisieren können, gilt es die Rolle des Mitarbeiters als Erfolgsfaktor in diesem Kontext dezidiert zu hinterfragen. Die Unternehmensberatung ESCH Consultants kommt in ihrer Customer-Experience-Studie zu dem Ergebnis, dass 60 % der begeisternden und 70 % der frustrierenden Kundenerlebnisse auf Mitarbeiter zurückzuführen waren (ESCH Consultants, 2017). Die Überzeugung vom Wirkungszusammenhang zwischen der Qualität, der Motivation, dem Engagement und der Zufriedenheit der Mitarbeiter im Kundenkontakt und der Qualität der von ihnen vollzogenen Leistungsprozesse, der Zufriedenheit der Kunden und dem Unternehmenserfolg wird seit langem in der Literatur als *„Service Profit Chain"* bezeichnet (Heskett et al.,

1997). Unzählige Untersuchungen untermauern den Zusammenhang zwischen interner Dienstleistungsqualität und der damit verbundenen *„Employee Experience"* sowie zwischen externer Dienstleistungsqualität und der damit verbundenen *„Customer Experience"* (statt vieler Bruhn, 2020; Hogreve et al., 2017).

Nimmt man sich den Tourismus als Beispiel, wird die zentrale Rolle der Mitarbeiter im Zusammenspiel zwischen Produkterfahrung, Kundenbeziehung und Markenrelevanz relativ schnell deutlich. So gehen viele Gäste nicht einfach zum Italiener, sondern zum Guido, Luigi oder Franco; Reisende fahren zum Sepp oder zur Irmi auf die Hütte oder lassen sich von den Animateuren im Robinson Club oder Club Méditerranée unterhalten, die als Robins oder GOs im Unternehmensalltag nicht nur die Clubmarke verkörpern, sondern auch mehr als jeder andere im Unternehmen für die Beziehungsqualität und die Produkterfahrung zuständig sind. Ähnlich lässt sich das auch für Professional Service Firms (PSF) skizzieren. In der Regel repräsentiert der einzelne Mitarbeiter auf einem Kundenprojekt (z. B. der Berater, der Anwalt, der Wirtschaftsprüfer) die primäre, wenn nicht einzige Schnittstelle des jeweiligen Unternehmens zum Kunden. Das hohe Maß an Kundenkontakt und Interaktion führt dazu, dass der einzelne Consultant (das Projektteam) aus Kundensicht nicht nur als Leistungserbringer wahrgenommen wird, sondern auch die Identität und das Image der PSF maßgeblich von ihm geprägt wird (Gardini & Vogel, 2004).

> „According to Diane Gherson, head of HR at IBM, employee engagement drives two-thirds of her company's client experience scores. That proves what Gherson and her team knew intuitively: If employees feel good about IBM, clients do, too." (Yohn, 2018).

Strategie statt Taktik, das muss zukünftig die Devise im HRM sein. Somit ist die Ausgangssituation dem Marketingjob nicht unähnlich, und die inhaltlichen und konzeptionellen Synergien sind mehr als offensichtlich. Ebenso wie das Marketing aktuellen und potenziellen Kunden die Frage beantworten muss, *„Warum sollte ich bei Ihnen kaufen?"* müssen Unternehmen ihren aktuellen und potenziellen Mitarbeitern, mehr denn je eine überzeugende Antwort auf die Frage geben, *„Warum sollte ich bei Ihnen arbeiten?"* Bevor es jedoch ans Verkaufen und Vermarkten geht, geht es um das Verstehen. Ebenso wie nur eine dezidierte Kenntnis der Bedürfnisse und Erwartungen von Kunden eine zufriedenstellende oder gar überragende Kundenerfahrung ermöglicht, kann auch nur über die dezidierte Kenntnis der Bedürfnisse und Erwartungen von aktuellen und potenziellen Mitarbeitern eine zufriedenstellende oder gar überragende Mitarbeitererfahrung entstehen. Während Unternehmen viel in Marktforschung und Business Intelligence investieren, wenn es darum geht, die geheimen und weniger geheimen Wünsche und Bedürfnisse ihrer Kunden in Erfahrung zu bringen, wird es sich in Bezug auf die Bedürfnisse, Ansprüche und Erwartungen von Mitarbeitern oft zu einfach gemacht. Die meisten HR-Abteilungen denken nach wie vor noch linear, in der Überzeugung, dass eine solide Erfüllung von Hygienefaktoren und die mehr oder weniger kreative Anhäufung von Zusatzleistungen, am Ende zu einem Mehr an Mitarbeiterengagement und -zufriedenheit führen wird. Auch, dass es sich bei der Schaffung einer „employee experience" nicht um eine Infantilisierung und Disneyfizierung des Arbeitsplatzes handelt, sondern um das Bemühen, einen Wohlfühlort für Mitarbeiter zu schaffen, im Sinne des Arbeitsplatzes als geistiger Heimat (Kobjoll, 2009), ist für viele Entscheider und Personalverantwortliche offenbar ein Umdenkprozess, der oftmals noch vollzogen werden muss.

„Meaning is the new money" hieß es jedoch schon vor einigen Jahren und so wird Sinngebung sowohl im Innenverhältnis (Mitarbeiter) als auch im Außenverhältnis (Kunden) zunehmend zu einem Distinktionsmerkmal im Wettstreit um Relevanz und Differenzierung. Wichtiger als Titel, Parkplätze, Boni, Obstkörbe oder Fitnessgutscheine sind sowohl aus HR- als auch aus Marketingsicht, eine zur Unternehmenskultur passende Persönlichkeit, das Brennen für die „Mission" und die Einbindung in „wir-kulturelle" Teamgefüge (Erickson, 2011; Becker, 2016). D. h. die Fragen „Wer sind wir?", „Wofür stehen wir?", „Was wollen wir?" und „Wie gehen wir mit unseren Anspruchsgruppen um?" etc. müssen Kunden wie Mitarbeitern deutlich machen, wofür das Unternehmen als Kombination materieller und immaterieller Ressourcen stehen bzw. nicht stehen soll (Mission/Purpose Leadership). Auch hier gilt – ebenso wie bei der Beziehung eines Unternehmens zu seinen Kunden –, dass Unternehmen, die bereit sind, die eigene Haltung von einer rein angebotsorientierten Denkweise (inside out) hin zu einer nachfrageorientierten Denkweise (outside in) zu ändern, erfolgreicher dabei sein werden, die richtigen Mitarbeiter zu finden und diese mit den richtigen Mitteln an sich zu binden.

Angesichts der zentralen Bedeutung des Personals zur Umsetzung kundenzentrierter Strategien auf Produkt-, Marken- und Kundenebene, erfordern wettbewerbsorientierte HR-Strategien im Sinne eines Employee-Leadership-Ansatzes, als Reflex realer, unternehmensbezogener Stärke und marktspezifischer Problemlösungskompetenz, eine frühzeitige Integration personalpolitischer Fragestellungen in grundlegende Gestaltungsprozesse der Organisations- und Unternehmensentwicklung (Gleitsmann, 2007; Bruhn, 2001). So gilt es über eine engere inhaltliche und organisatorische Verzahnung von Marketing und Personalmanagement sicherzustellen, dass im Wettbewerb um die besten Mitarbeiter auch marktrelevante Aspekte Berücksichtigung finden (Esch & Kochan, 2019; Lovelock, 2000). Entsprechend klar ist die damit verbundene Aufgabenstellung:

„Design Your Employee Experience as Thoughtfully as You Design Your Customer Experience." (Yoon, 2016).

Dies sollte sich allerdings nicht nur in einer Anwendung der Marketingphilosophie und der Marketingtechnik im HR-Bereich erschöpfen, wie es in den Konzepten des Internen Marketing bzw. des Employer Branding angelegt ist, sondern darüber hinausgehen und eine weitgehende organisationale Neuausrichtung von HR und Marketing zum Ziel haben. Eine um den Kunden zentrierte Unternehmensstrategie erfordert im Sinne des Chandler'schen Diktums *„structure follows strategy"*, einen Umbau der Organisationsstruktur und der Entscheidungswege, was, angesichts der besonderen Verantwortung der Mitarbeiter für eine überzeugende Customer Experience, konsequenterweise auch das strukturelle und prozessuale Beziehungsgefüge von Marketing und HR betreffen muss. Dies kann über eine Einbindung der HR-Abteilung in die Marketingorganisation folgen, wie es bspw. bei beim Kreditkartenunternehmen Visa oder dem Social-Media-Unternehmen Hootsuite der Fall ist, oder über Prozess-Teams, die die Customer Journey und die damit verbundenen kunden- und marktseitigen Anforderungen an das Personal in ein Pflichtenheft übersetzen und sich in den Such-, Auswahl- und Entwicklungsprozessen auf Personalseite engagieren, um sicherzustellen, dass auch die Marketing- und Markenpolitik Berücksichtigung findet (*„Hire for customer-orientation"*, Yoon, 2018).

In Konsequenz müssen Investitionen in Human Ressourcen hierbei integraler Bestandteil des Marketingbudgets werden und als solche auch von der Marketingabteilung verantwortet werden. Dass die Höhe von zugeteilten Budgets und die bereichs- und themenspezifische Allokation von Investitionen in Personal- und Unternehmensentwicklungsprozesse immer eine Reflexion der jeweiligen strategischen Prioritäten ist, zeigt das Beispiel von Singapore Airlines. Das strategische Ziel des Unternehmens ist es, die Serviceführerschaft im globalen Wettbewerb der Linienfluggesellschaften zu erlangen und zu erhalten, und dies wird durch eine entsprechende Investitionsphilosophie nachhaltig gestützt: *„Singapore Airlines follows a 4–3-3 rule of spending: 40 % on training, 30 % on revising processes and procedures, and 30 % on creating new products and services every year."* (Heracleous & Wirtz, 2010, S. 147). Sowohl die Personal- als auch die Marketingabteilung sind in einer Kundenorganisation für inhaltliche Konsequenz und Stringenz in den Personalauswahl- und Personalentwicklungsprozessen verantwortlich, denn fehlerhafte Personalentscheidungen und mangelhafte Mitarbeiterperformance sind nicht nur teuer, sondern führen auch zu empfindlichen Störungen im Kundenverhältnis, denn überall wo Mitarbeiter Kundenerlebnisse und Kundenerfahrungen prägen, gilt mehr als alles andere die Maxime: *„Menschen machen Marken"* (Gardini, 2001). Ein modernes und marktorientiert geprägtes Personalmanagement wird somit zu einer strategischen Unternehmensaufgabe und so wird die Zukunft zahlreicher Unternehmen durch das Personalmanagement geschrieben (Gardini & Brysch, 2014).

Fazit: Vom Können und Wollen

3

Schon bei Giuseppe Mazzini, dem geistigen Führer der italienischen Freiheits-bewegung im 19. Jahrhundert, hieß es: *„Das Geheimnis des Könnens liegt im Wollen"*. Angesichts der oben angesprochenen Marginalisierung des Marketing in vielen Unternehmen, muss sich das Marketing konsequenterweise die Frage gefallen lassen: „Kann oder will das Marketing die Verantwortung für den Kunden nicht übernehmen?"

Die Antwort auf diese Frage hat eine interne und eine externe Leadership-Dimension zu berücksichtigen und ist zwangsläufig immer unternehmensspezi-fisch zu beantworten. Die Entscheidungsträger im Marketing befinden sich aktuell in einer schwierigen Übergangsphase, in der die gelernten Erfolgsfaktoren und Erfolgsvoraussetzungen im Wettbewerb durch hochdynamische gesellschaftliche und technologische Veränderungsprozesse immer wieder infrage gestellt werden. Dieser Veränderungsdynamik müssen sich Unternehmen und Marketingakteure jedoch stellen, will man auch in Zukunft für seine Kunden relevant sein bzw. bleiben. Bei zahlreichen Unternehmen und Branchen lässt sich jedoch sowohl eine Überbetonung als auch eine mangelnde Integration operativ-taktischer Ele-mente des Marketing beobachten, während die strategischen und koordinativen Anforderungen des Marketing Management oftmals vernachlässigt werden. Eine bedeutsame Zukunftsherausforderung für viele Unternehmen ist es demzufolge, ein über punktuelle Einzelaktivitäten, Instrumente und Analysemethoden hinaus-gehendes, umfassendes Verständnis des Marketing im gesamtem Unternehmen zu entwickeln, um die Voraussetzungen zu schaffen, Kunden langfristig zufrieden-zustellen und an das Unternehmen zu binden. Um die Beziehung zum Kunden wirklich in den Mittelpunkt aller Unternehmensaktivitäten zu stellen und den Weg zum Marketing Leadership überhaupt beschreiten zu können, muss das Marketing somit zwingend strategische Verantwortung übernehmen und – auf Basis der in

M. A. Gardini, *Leadership im Marketing*, essentials, https://doi.org/10.1007/978-3-658-34987-5_3

diesem Essential diskutierten sechs strategischen Leitprinzipien – deutlich stärker ins Zentrum unternehmerischer Entscheidungen rücken, als dies hier und heute in vielen Unternehmen und Branchen der Fall ist.

Was Sie aus diesem *essential* mitnehmen können

- Strategie statt Taktik ist der Kern eines Marketing-Leadership-Ansatzes.
- Marketing braucht ein normatives Denk- und Handlungsgerüst, um erfolgreich zu sein, denn der Marketinganspruch, Kunden in den Mittelpunkt aller Unternehmensaktivitäten zu stellen, erfüllt sich nicht in einem normativen Vakuum.
- Unternehmen müssen sich weniger als Produktentwickler und mehr als Problemlöser verstehen und die Logik der Customer Experience (Journeys, Touchpoints, Moments of Truth) zu einem wesentlichen Element ihrer Unternehmenskultur machen.
- Im Umgang mit dem Kunden bedarf es eines Wechsels von einer oberflächlichen Kundenorientierung zu einer dezidierten Beziehungsorientierung mit der Beziehungsqualität als zentraler Erfolgsgröße der Kundenbeziehung.
- Der Erfolgspfad einer Marke führt von der Identität über die Relevanz zur Präferenz.
- Unternehmen sind heute und in der Zukunft nicht so erfolgreich, weil sie nun digitale statt analoge Produkte oder Dienstleistungen anbieten, sondern weil sie das Konzept der marktorientierten Unternehmensführung zur Leitmaxime erklärt haben.
- Die Zukunft zahlreicher Unternehmen wird durch das Personalmanagement geschrieben.

© Der/die Herausgeber bzw. der/die Autor(en), exklusiv lizenziert durch Springer Fachmedien Wiesbaden GmbH, ein Teil von Springer Nature 2021
M. A. Gardini, *Leadership im Marketing,* essentials,
https://doi.org/10.1007/978-3-658-34987-5

Literatur

Aaker, D. A. (2013). *Markenrelevanz – Erfolgreich Wettbewerber ausschalten.* Wiley.

Aaker, D. A., & Joachimsthaler, E. (2001). *Brand Leadership.* Financial Times Deutschland.

asw (2020a). Purpose unter der Lupe. *Absatzwirtschaft, 10,* 30–31.

asw (2020b). Sprüche, die es in sich haben. *Absatzwirtschaft,11,* 12.

asw. (2020c). SAP-Marketingchefin Köder: Mein Tipp für 2020, vom 27.01.2020, https://www.absatzwirtschaft.de/sap-marketingchefin-koeder-mein-tipp-fuer-2020-169408/. Einsehdatum: 20. Feb. 2021.

asw. (2020d). Wenn Technikgläubigkeit die Strategie killt – und die Kreation gleich mit. *Absatzwirtschaft, 12,* 54–57.

Avery, J., Fournier, S., & Wittenbraker, J. (2014). Unlock the mysteries of your customer relationships are you connecting with consumers the way they want you to? *Harvard Business Review, 92*(7/8), 72–81.

B4P. (2019). Bedeutung von Marken, September 2019, GIK - Gesellschaft für integrierte Kommunikationsforschung, München. https://gik.media/wp-content/uploads/2019/09/b4ptre nds_12_Bedeutung_Marken.pdf. Einsehdatum: 13. Apr. 2021.

Backhaus, K., & Paulsen, T. (2020). Vom Homo Oeconomicus zum Homo Digitalis. In M. Bruhn, C. Burmann, & M. Kirchgeorg (Hrsg.), *Marketing Weiterdenken - Zukunftspfade für eine marktorientierte Unternehmensführung* (S. 341–356). Springer/Gabler.

Barta, T. (2020). The time for marketing is now (again), 15.6.2020. https://thomasbarta.com/the-time-for-marketing-is-now-again/. Einsehdatum: 2. Apr. 2020.

Barta, T., & Barwise, P. (2016). *The 12 powers of a marketing leader.* McGrawHill.

Bathen, D., & Jelden, J. (2014). Marketingorganisation der Zukunft,.http://www.business-on. de/dateien/dateien/dmv_studie_marketingorganisation_der_zukunft.pdf. Einsehdatum: 20. März 2020

Becker, B. (2016). Meaning is the new Money, Februar, https://www.zukunftsinstitut.de/art ikel/meaning-is-the-new-money/. Einsehdatum: 23. Feb. 2021.

Benkenstein, M. (2020). Marketing als Leitkonzept der Unternehmensführung - Eine kritische Bestandsaufnahme. In M. Bruhn, C. Burmann, & M. Kirchgeorg (Hrsg.), *Marketing Weiterdenken - Zukunftspfade für eine marktorientierte Unternehmensführung* (S.74–90). Springer/Gabler.

Bleicher, K. (2017) Das Konzept Integriertes Management (9, Aufl.). Campus.

Book, S., & Gnirke, K. (2021). Alles Müller, oder was? *Der Spiegel*, Nr.12, 20.03.2021, 68–71.

Böttcher, D. (2015). An den Katzentisch. https://www.brandeins.de/magazine/brand-eins-wir tschaftsmagazin/2015/marketing/an-den-katzentisch. Einsehdatum 15. Feb. 2020.

Boudet, J., Cvetanovski, B., Gregg, B., Heller, & J., Perrey, J. (2019). *Marketing's moment is now: The C-suite partnership to deliver on growth, June.* McKinsey&Company.

Brett, J. (2019). *Evolving digital leadership, how to be a digital leader in tomorrow's disruptive world.* Apress.

Breuer, P., Hagemeier, D., & Hürtgen, H. (2018). *Artificial intelligence: How advanced analytics and smart machines will change the way we work.* McKinsey Global Institute.

Bruch, H., Lohmann, T.R., Szlang, J., & Heißenberg, G. (2019). *People-Management 2025: Zwischen Kultur- und Technologieumbrüchen.* PwC.

Bruhn, M. (2001). Notwendigkeit eines Internen Marketing in Dienstleistungsunternehmen. In M. Bruhn & H. Meffert (Hrsg.), *Handbuch Dienstleistungsmanagement* (2. Aufl., S. 705–731). Gabler.

Bruhn, M. (2020). *Qualitätsmanagement für Dienstleistungen: Grundlagen, Konzepte, Methoden* (12. Aufl.). Springer Gabler.

Bruhn, M., Hadwich, K. (2012): Customer Experience – Eine Einführung in die theoretischen und praktischen Problemstellungen. In Bruhn, M., & Hadwich, K. (Hrsg.), *Customer experience, forum Dienstleistungsmanagement* (S.3–36). Springer/Gabler.

Dawar, N. (2018). Marketing im Zeitalter von Alexa. *Harvard Business Manager, August,* 29–37.

De Keyser, A., Verleye, K., Lemon, K. N., Keiningham, T. L., & Klaus, P. (2020). Moving the customer experience field forward: Introducing the touchpoints, context, qualities (TCQ) nomenclature. *Journal of Service Research, 23*(4), 433–455.

Diller, H. (2000). Customer loyality: Fata Morgana or realistic goal? Managing relationships with customers. In: Hennig-Thurau, T., & Hansen, U. (Eds.), *Relationship marketing: Competitive advantage through customer satisfaction and customer retention* (S. 29–48), Springer.

DMV. (2021). *European marketing agenda 2021.* Deutscher Marketingverband.

Donnevert, T. (2009). *Markenrelevanz - Messung, Konsequenzen und Determinanten.* Gabler.

Drucker, P. (1954). *Management: Tasks, responsibilities, practices.* Truman Talley.

Econsultancy London. (2015). *Quarterly Digital Intelligence Briefing. Digital Trends 2015,* January.

Erickson, T. (2011). Meaning is the new money. *Harvard Business Review,* March, https://hbr.org/2011/03/challenging-our-deeply-held-as. Einsehdatum: 23. Feb. 2021.

Esch, F., Kochan, D. (2019). *Kunden begeistern mit System: In 5 Schritten zur Customer Experience.* Campus.

Esch, F. J. (2016). *Identität – Das Rückgrat starker Marken.* Campus.

Esch, F. J. (2017). *Strategie und Technik der Markenführung* (9. Aufl.). Vahlen.

Esch, F. J. (2021). *Purpose und Vision.* Campus.

ESCH. The Brand Consultants. (2017). *Customer experience champions. Ein Blick durch die Brille des Kunden.* Saarlouis.

Freundt, T., Lehmann, S., Liedtke, N., & Perrey, J. (2020). *Mega-Macht Marke: Bleibende Werte in wechselvollen Zeiten.* Redline.

Freundt, T., & Perrey, J. (2014). Die Marke kehrt zurück. *marke41,1*(2014), 48–52.

Fröndhoff, B., & Scheppe, M. (2019). Der Sinn hinter der Arbeit: So benennen die 30 Dax-Konzerne ihren „Purpose". *Handelsblatt Vom, 18*(4), 2019.

Gallup. (2018). *Customer Experience und Touchpoint-Analyse*, April 2018.

Gallup. (2021). *Gallup Engagement Index 2020*, 18. März 2021.

Gardini, M. A. (2001). Menschen machen Marken – Dienstleister müssen ihre Markenperspektive erweitern. *Markenartikel, 63*(6), 30–45.

Gardini, M. A. (2017). Leadership und Exzellenz im Tourismusmarketing: Was Tourismusunternehmen leisten müssen! In Gardini, M. A. (Hrsg.), *Marketingexzellenz im Tourismus: Konzepte – Fallstudien - Best Practices* (S.9–38). ESV.

Gardini, M. A. (2019). Marketing goes Digital - Schöne neue Welt im Tourismusmarketing? In Bieger, T., Beritelli, P., & Laesser, C. (Hrsg.), *Schweizer Jahrbuch für Tourismus 2018/2019* (S.131–148).

Gardini, M. A., & Brysch, A. (2014). *Personalmanagement im Tourismus: Erfolgsfaktoren erkennen – Wettbewerbsvorteile sichern*. ESV.

Gardini, M. A., Vogel, S. (2004). Einflussfaktoren der Mitarbeiterzufriedenheit und Mitarbeiterbindung in Professional Service Firms – Eine empirische Untersuchung am Beispiel von IT-Professionals der IBM Schweiz. In Gardini, M. A., Dahlhoff, H. D. (Hrsg.), *Management internationaler Dienstleistungen: Kontext-Konzepte-Erfahrungen* (S. 393–414). Gabler.

Gardini, M. A., & Seppälä-Esser, R. (2020). Vom Produkt zum Kundenerlebnis: Experience Design als innovative Methode der Dienstleistungsgestaltung. In M. Pfannstiel, K. Kassel, & C. Rasche (Hrsg.), *Innovationen und Innovationsmanagement im Gesundheitswesen* (S. 493–517). Springer Gabler.

Georgi, D. (2000). Kundenbindungsmanagement im Kundenlebenszyklus. In Bruhn, M., Homburg, C. (Hrsg), *Handbuch Kundenbindungsmanagement: Grundlagen – Konzepte – Erfahrungen* (3. Aufl., S. 227–249). Gabler.

Gleitsmann, B. (2007). *Internes Marketing, Unternehmenskultur und marktorientiertes Verhalten: Direkte, indirekte und moderierende Effekte*. Gabler.

Grönroos, C. (1984). A service quality model and its marketing implications. *European Journal of Marketing, 18*(4), 36–44.

Groth, M., Wu, Y., Nguyen, H., & Johnson, A. (2019). The moment of truth: A review synthesis, and research agenda for the customer service experience. *Annual Review of Organizational Psychology and Organizational Behavior, 6*, 89–113.

Havas. (2017). *Meaningful Brands*. Havas Media Group.

Hays. (2014). *HR Report 2014/2015. Schwerpunkt Führung*. Hays Holding GmbH.

Heinonen, K., & Strandvik, T. (2015). Customer-dominant logic: Foundations and implications. *Journal of Services Marketing, 29*(6–7), 472–484.

Hennig Thurau, T. (2013). Die Krise des Marketing. *Harvard Business Manager, Juni, S. 93–97*.

Hennig-Thurau, T. v. d. Esche, J., & Wege, E. (2014). Marketing in der digitalen Welt. *Harvard Business Manager, September*, 34–43.

Heracleous, L., & Wirtz, J. (2010). Singapore airlines' balancing act. *Harvard Business Review, 88* (July-August), 145–149.

Heskett, J. L., Schlesinger, L., & Sasser, W. E. (1997). *The Service-Profit-Chain* . Free Press.

Hogreve, J., Iseke, A., Derfuss, K., & Eller, T. (2017). The service-profit chain: A meta-analytic test of a comprehensive theoretical framework. *Journal of Marketing, 81*(3), 41–61.

Höhmann, I. (2020). US-Managementguru Dave Ulrich im Gespräch: "Fast niemand kann die Qualität von Führung bewerten", Manager Magazin vom 24.11.2020. https://www.man ager-magazin.de/harvard/fuehrung/dave-ulrich-entwickelt-hr-business-partner-model- weiter-a-00000000-0002-0001-0000-000149763185. Einsehdatum: 15. Jan. 2021.

Homburg, C., Jozić, D., & Kuehnl, C. (2017). Customer experience management: Toward implementing an evolving marketing concept. *Journal of the Academy of Marketing Science, 45*(3), 377–401.

Homburg, C., Schäfer, H., & Schneider, J. (2016). *Sales Excellence -Vertriebsmanagement mit System* (8. Aufl.). Springer.

Jansen, S.A. (2020). Wie geht Konsumgesellschaft ohne Konsum? *Brand Eins, 22*(11), 44-50.

Kane, G. C., Palmer, D., Phillips, A. N., Kiron, D., & Buckley, N. (2015). Strategy, not technology, drives digital transformation. *MIT Sloan Management Review and Deloitte University Press, 14*, 1–25.

Keller, K. L. (2001). *Building customer based brand equity: A blueprint for creating strong brands.* Marketing Science Institute, Working Paper, Report01–107, 2001.

Keutel, M., Schmid, M., & Tussing, A. (2018). *Das Ende der IT. Akzente,* (2, September, S.32–37). McKinsey&Comp.

Kilian, K. Beideck, L., & Rüger, J. (2020): 20 Marketingtrends. *Absatzwirtschaft,11,* 50-53.

Kingman-Brundage, J. (1993). Service mapping: Gaining a concrete perspective on service system design. In Scheuing, E.E., & Christopher, W. (Eds.), *The service quality handbook* (S. 143–168). AMACOM.

Kobjoll, K. (2009). Mitarbeiter – das Kapital unserer Zukunft. In M. A. Gardini (Hrsg.), *Handbuch Hospitality Management* (S. 695–713). Deutscher Fachverlag.

Kolko, J. (2015). Design thinking comes of Age. *Harvard Business Review, 93*(9), 2–7.

Kotler, P. (2000). Über die Entwicklung von Wertangeboten zur Unique Selling Proposition. *Absatzwirtschaft, 43*(3), 46–49.

Kotler, P. (2008). Marketing strategy, London business forum 22.8.2208. https://www.you tube.com/watch?v=bilOOPuAvTY. Einsehdatum: 27. Aug. 2016.

Kotowski, T. (2013). Urlaub im Markendschungel, FAZ vom 7.6.2013. http://www.faz. net/aktuell/wirtschaft/unternehmen/tourismusbranche-urlaub-im-markendschungel-122 12529.html. Einsehdatum: 15. Mai 2016.

Kranzbühler, A. M., Kleijnen, M. H., Morgan, R. E., & Teerling, M. (2018). The multile- vel nature of customer experience research: An integrative review and research agenda. *International Journal of Management Reviews, 20*(2), 433–456.

Kreutzer, R. T., Neugebauer, T., & Pattloch, A. (2017). *Digital business leadership.* Springer/Gabler.

Lemon, K. N., & Verhoef, P. C. (2016). Understanding customer experience throughout the customer journey. *Journal of Marketing, 80*(November), 69–96.

Lovelock, C. (2000). Functional integration in services: Understanding the links between marketing, operations, and human resources. In Swartz, T. A., & Iacobucci, D. (Hrsg.), *Handbook of services marketing & management* (S. 421–438). Thousand Oaks.

Maister, D. H. (1997). Managing the professional service firm by London. Schuster&Schuster.

Markey, R. (2020). Are you underevaluating your customers? *Harvard Business Review, 98*(1/2), 42–50.

Martin, R., & Martin, R. L. (2009). *The design of business: Why design thinking is the next competitive advantage.* Harvard Business Press.

McGovern, G., & Moon, Y. (2007). Companies and the customers who hate them. *Harvard Business Review, 85*(6), 78–84.

McKinsey. (2017). *Artificial Intelligence – The Next Digital Frontier? June*. McKinsey Global Institute.

McKinsey. (2018). *Notes from the AI Frontier. Insights from hundreds of cases*, April. McKinsey Global Institute.

McKinsey. (2019). *Markenrelevanz-Studie 2019*. McKinsey & Comp.

Meffert, H., & Bruhn, M. (2002). Wettbewerbsüberlegenheit durch exzellentes Dienstleistungsmarketing. In M. Bruhn & H. Meffert (Hrsg.), *Exzellenz im Dienstleistungsmarketing* (S. 1–26). Springer/Gabler.

Meffert, H., Burmann, C., Kirchgeorg, M., & Eisenbeiß, M. (2019). *Marketing: Grundlagen marktorientierter Unternehmensführung* (13. Aufl.). Springer/Gabler.

Meffert, H., Schröder, J., & Perrey, J. (2002). B2C-Märkte: Lohnt sich ihre Investition in die Marke. *Absatzwirtschaft, 45*(10), 28-35.

Meyer, J. U. (2016). *Digitale Disruption. Die nächste Stufe der Revolution*. Business Village.

Müller-Stewens, G., Drolshammer, J., & Kreigmeier, J. *Professional Service Firms: Wie sich multinationale Dienstleister positionieren*. Frankfurter Allgemeine Buch.

Obmann, C. (2018). „Radikal digital" – So sollten Führungskräfte die Digitalisierung angehen, Handelsblatt vom 5.7.2018. https://www.handelsblatt.com/karriere/the_shift/man agementberater-reinhard-sprenger-radikal-digital-so-sollten-fuehrungskraefte-die-digita lisierung-angehen/22762548.html?ticket=ST-5882026-17e5i31YcEXyFgZd3OK5-ap3. Einsehdatum 20. März. 2021.

Patrício, L., Fisk, R. P., Falcão e Cunha, J., & Constantine, L. (2011). Multilevel service design: From customer value constellation to service experience blueprinting. *Journal of service Research, 14*(2), 180-200.

Plass, C. (2020). Wie digitale Geschäftsprozesse und Geschäftsmodelle die Arbeitswelt verändern. In G. W. Maier, G. Engels, & E. Steffen (Hrsg.), *Handbuch Gestaltung digitaler und vernetzter Arbeitswelten* (S. 59–85). Springer.

Porter, M. E., & Nohria, N. (2018). How CEOs manage time. *Harvard Business Review, 96*(4), 42–51.

Porter, M. A. (2001). Strategy and the internet. *Harvard Business Review, 79*(3), 63–78.

Prophet. (2019). Prophet Brand Relevance Index® 2019 – Die relevantesten Marken in Deutschland. https://www.prophet.com/relevantbrands-2019/germany/. Einsehdatum: 23. Apr. 2021.

Prophet. (2021). Prophet Brand Relevance Index® 2021. https://www.prophet.com/relevantb rands-2021/?utm_source=press&utm_medium=referral&utm_campaign=bri21. Einsehdatum: 23. Apr. 2021.

PwC. (2019). *PwC Markenstudie 2019*, Frankfurt(/Main, PwC.

Qualtrics. (2018). *Aus den richtigen Daten schlau werden*. Qualtrics.

Quinn, R. E., & Thakor, A. V. (2018). Creating a purpose driven organization. *Harvard Business Review, 96*(4), 90–98.

Rawson, A., Duncan, E., & Jones, C. (2013). The truth about customer experience. *Harvard Business Review, 91*(9), 90–98.

Reinhardt, K. (2020). *Digitale Transformation der Organisation*. Springer/Gabler.

Rogers, D. L. (2016). *The digital transformation playbook: Rethink your business for the digital age*. Columbia University Press

Ryan, D. (2014). *Understanding Digital Marketing* (3rd. Aufl.). Kogan Page.

Sattelberger, T. (2016). HR ist seit vielen Jahren eine „lebendige Leiche, Xing vom 23. Mai 2016. https://www.xing.com/news/klartext/hr-ist-seit-vielen-jahren-eine-lebendige-leiche-741. Einsehdatum: 12. Nov. 2020.

Schmitt, B. H. (2003). *Customer experience management: A revolutionary approach to connecting with your customers,* Wiley.

Shostack, G. L. (1982). How to design a service. *European Journal of Marketing, 16*(1), 49–63.

Shostack, G. L. (1984). Designing services that deliver. *Harvard Business Review, 62*(1/2), 133–139.

Sopra Steria. (2016). *Potenzialanalyse customer experience management.* Sopra Steria. Hamburg.

Swaan Arons, M. Driest, F., & Weed, K. (2014). The ultimate marketing machine. *Harvard Business Review, 92*(July–August), 55–63.

Verhoef, P. C., Broekhuizen, T., Bart, Y., Bhattacharya, A., Dong, J. Q., Fabian, N., & Haenlein, M. (2021). Digital transformation: A multidisciplinary reflection and research agenda. *Journal of Business Research, 122,* 889–901.

Voeth, M. (2020). Marketing und/oder marktorientierte Unternehmensführung. In M. Bruhn, C. Burmann, & M. Kirchgeorg (Hrsg.), *Marketing Weiterdenken - Zukunftspfade für eine marktorientierte Unternehmensführung* (S. 61–73). Springer/Gabler.

w&v. (2020). Markenführung nicht mit Werbung verwechseln. https://www.wuv.de/specials/starke_marken/markenfuehrung_nicht_mit_werbung_verwechseln. Einsehdatum: 12. Apr. 2021.

Wang, William Yu Chung, and Yichuan W. (2020). Analytics in the era of big data: the digital transformations and value creation in industrial marketing. *Industrial Marketing Management, 86,* April, 12–15.

Welp, C., & Kamp, M. (2015). Das große Aufräumen beim schlauesten Unternehmen der Welt, Wirtschaftswoche, 3. August 2015, https://www.wiwo.de/unternehmen/dienstleister/starberater-bei-mckinsey-das-grosse-aufraeumen-beim-schlauesten-unternehmen-der-welt/11933138.html. Einsehdatum: 15. Jan. 2021.

Whitler, K. A., & Morgan, N. (2017). Why CMO never last. *Harvard Business Review, 95*(7/8), 48–54.

Yohn, D. L. (2016). Design your employee experience as thoughtfully as you design your customer experience. https://hbr.org/2016/12/design-your-employee-experience-as-thoughtfully-as-you-design-your-customer-experience vom 8.12.2016. Einsehdatum: 1. März 2021.

Yohn, D. L. (2018). 6 ways to build a customer-centric culture, October. https://hbr.org/2018/10/6-ways-to-build-a-customer-centric-culture. Einsehdatum: 19. März 2021.

Yoon, E., Carlotti, S., & Moore, D. (2014). Make your best customers even better. *Harvard Business Review, 92*(3), 22–24.

Zeithaml, V.A., Parasuraman, A., & Berry, L.L. (1992). *Qualitätsservice: Was Ihre Kunden erwarten - Was Sie leisten müssen.* Campus.

Printed in the United States
by Baker & Taylor Publisher Services